KB051984

형법각론

Criminal Law
Special Part

이용식

박영사

빼앗긴 들에도 봄은 오는가

-〈해지는 땅 형법이론의 비가〉 -제2비가-
-한 형법학자의 악전고투: 이제 나 혼자 헤매어야 하는구나-
-이론형법학 선언(Das Strafrechtsdogmatische Manifest)-
-빼앗긴 자의 죽음 그 너머의 견딤-
-형법교과서의 코페르니쿠스적 혁명-

로스쿨의 시대는 형법교과서에 대해 새롭게 정의할 것을 요구하고 있다. 이를 위해서는 우선 먼저 형법교과서가 존재론적으로 변화해야 한다. 이러한 형법교과서의 존재론적 전회는 기존의 형태에서 벗어날 때 성립한다. 현대적 형법교과서 개념의 새로운 탄생을 위해서는 기존 교과서의 존재방식을 해체하고 전복하고 극복해야 한다. 존재형태적으로는 가장 얇고 작아야 한다. 그리고 존재내용적으로는 시험에 나오는 '중요한 부분만을' 그리고 '중요한 순서에 따라' 기술해야 한다. 그래서 필자의 형법총론 교과서에서는 '구성요건론' 다음에 바로 '공범론'이 나오고, 그 다음에 '미수론'이 나온다. 뒷부분에 가서 '위법성론'과 '책임론'이 언급된다. 이번 형법각론 교과서에서는 시험에 가장 많이 나오는 '재산죄'가 맨 처음에 나온다. 그 다음에 두 번째로 시험에 많이 나오는 '인격적 법익에 대한 죄'가 기술된다. 시험에 많이 나오지 않는 '사회적 법익'과 '국가적 법익'에 관한 죄는 그 중에서 출제가 되는 부분만을 기술하였다. 출제가 되지 않는 부분은 제거하였다. 이것이 형법교과서의 코페르니쿠스적 전환 혹은 혁명이다. 그리고 기존 형법교과서는 판례에 대한 콤플렉스가 편집증의 수준까지 발전한 양상을 보여주고 있다. 특히 판례중심이라는 이름하에 수백페이지에 달하는 두꺼운 책들은 그것이 교과서이든 수험서이든 당장 던져버려라. 우리는 오호 그 매력적인 얇은 '최근 3개년 판례정리집' 하나만을 달랑 암기하면 변호사 시험에 충분하고도 남는다. 판례를 이해하려고 하면 불합격은 필연적 결과이다. 그런데 아직도 그 두꺼운 수험서를 붙잡고 이해하려고 노력하는 멍청한 학생들이 대부분이다. 어쩔 도리가 없다. 자비로운 신도 그들을 구원하지는 못한다.

로스쿨은 "이해에서 암기에로"의 패러다임 전환이다. 로스쿨은 '의미'에 대한 물음 그 자체가 무의미하게 되는 공간이다. 로스쿨은 이러한 자기 경험을 이성적으로 다시 한 번 되풀이해서 생각할 것을 거부한다. 로스쿨 시대에 가장 커다란 생각거리를 던져주는 것은 바로 사람들이 로스쿨에 대하여 아직 아무런 생각을 하지 않고 있다는 사실 자체이다. 로스쿨은 아직 사유하지 않고 있다. 사유하지 않을 뿐만 아니라 사유를 망각했다는 사실 자체를 망각하고 있다(망각의 망각). 로스쿨은 사유하지 않는다. 사유를 거부한다. 다만 계산할 뿐이다. 그것이 바로 최신 3개년 판례결론 외우기라는 정언명령인 것이다. 그리하여 로스쿨은 "규범에서 전략에로"의 패러다임 전환이다.

로스쿨은 가난한 청년의 첫 불행이다. 그들의 체념의 역사이고 희생의 역사이다. 자본주의는 자기 확대의 속성이 있다. 권력과 자본의 자기극대화의 논리에 근거한다. 외적인 제한을 모른다는 특징을 지닌다. 안으로부터 도모되는 자기극대화의 경향 속에서 모든 사람들은 팽창의 운동 속에 놓이는 집단적 양상을 보여주는 것이다. 로스쿨은 미국식 자본주의의 산물이다. 로스쿨은 사유하지 않는다. 아니 사유해서는 안 되는 공간이다. 이러한 풍요한 빈곤화과정에서 우리는 사유하는 멍청이가 되어 빈곤으로 떨어지지 말아야 한다. 경제 제일주의를 잊어서는 안 된다.

우리는 폐허 속에 살고 있다. 그나마 남아있던 것이 이미 다 깨져버린 것이 우리의 상태이다. 겉으로는 번성하지만 속으로는 다 파괴되어 있고 그 속이 다 깨져버린 것이다. 밖은 있지만 안은 비어있는 정신적 폐허가 된 형법 학문의 참상을 이야기 하는 것이다. 특히 도서관에서 여러 전통의 책을 읽어 생각하는 사람이 되는 모습은 먼 기억 속에만 존재한다. 생각하는 사람들이 책을 읽고, 여러 나라에서 온 글들의 지혜를 배우고, 모두가 진리를 찾던 도서관은 사라져 버린 것이다. 오로지 폐허가 그 자리에 남아있을 뿐이다. 거기에서 우리는 가만히 있으면 안 되고 매일 큰소리로 내가 돈을 얼마나 벌었는가, 내가 얼마나 스펙을 쌓았는가 큰소리로 말을 해야 한다. 한 사람이 말하면 다른 사람은 그것이 틀렸다고 한다. 모든 규범이 부정되는 곳에서 사람들이 길을 잃고 헤매는 것은 당연하다. 모든 게 뒤죽박죽이고 일관성을 잃어버리고 어떤 리듬을 상실한 이러한 정신적 폐허 속에서 우리가 보는 것은 쓰레기 더미에 버려진 형법이론의 해바라기를 늙은 정원사가 주워서 다시 거둬들이고 자라게 하고 정성껏 길러내는 모습이다. 이는 정신적 깊이에 마음을 여는 것이다. 형법적 사유의 나무와 화초를 기르는 그 폐허로부터의 순수한 새로운 "시작으로" 우리는 빼앗긴 땅, 이미 해가 진 땅, 깜깜한 밤의 세계 그 어둠의 세월도 견딜만한 것이 될 것이다. 참혹한 것을 견뎌야 한다. 더욱 견뎌야 한다. 끝까지 견뎌야 한다. 견딘다는 것은 "사유한다"는 것이다. 우리는 개념의 창조와 체계의 구축을 전통을 되살리면서 동시에 새로운 형법학적 담론의 방향을 사유해야 한다. 기존의 사고메카니즘이 중단되고 혼란에 빠진 상황에서 그에 부응하는 개념을 찾아 다시 중심과 균형을 가져오도록 사유해야 한다는 말이다. 새로운 진리는 기존의 논리와 시각에서는 보이지 않는 것이다. 그것을 제대로 보기 위해서는 기존의 관점을 일탈한 시각, 기존의 관점에서 삐딱한 시각 내지 비스듬한 시각에 서야 한다.

　　형법학적 사유란 무엇인가? 과거에 사유되었지만 충분히 사유되지 않은 것, 말해졌지만 들리지 않았거나 빠뜨린 것을 현재로 나르는 것이다. 기존의 의미에 새로운 의미를 부여하고, 사고의 문법을 재구조화하거나 대체하는 것이다. 그리하여 세상에 이제까지 없던 의미와 의미의 메카니즘을 창조 생산하는 것이다. 다시 말하면 새로운 유형의 합리성을 조형하는 것이다. 사태/사물/대상은 자신을 설명해 줄 새로운 개념을 요구하고 있기 때문이다. 그리하여 형법이론은 아주 작은 것/지나치게 쉬운 것/변두리에 있는 것에서 거기서 전체의 징후를 본다. 가장 작은 것에서 가장 큰 것의 특징을 잡아내는 것이다. 가장 작은 것과 가장 큰 것을 연결시키는 것이다. 공을 보면 한마디로 형법이론은 그 공이 아니라 그 공을 가지고 노는 보이지 않는 사람과 기술을 보는 것이다. 보이는 것에서 보이지 않는 것을 보는 것이다.

형법학적 사유란 무엇인가? 지금 우리나라 형법학은 비판적 기능을 상실하고 그저 순응의 수단이 되어 기성 판례와 실무질서에 봉사하게 되었다. 그럼으로써 결국 저항과 비판의 방식을 스스로 포기하게 되었다. 스스로 실무의 도구화하는 학문은 원래의 목적을 잊는다. 실무의 도구가 되면서 결국 이론가는 얼치기 실무가가 된다. 지나치게 실무를 중심에 두다 보니까, 규범의 사고를 벗어나 전략의 사고로 전락하게 된다. 결국 형법이론이란 과도하게 단순화하여 말하면 판례에 의해 통치 지배당하지 않는 사유를 말한다. 판례에의 지배와 복종에서 벗어나는 것이 곧 이론이다. 형법학자는 사회 속에 위치하면서도 그러나 이 사회의 기존질서에 포박된 것이 아니라, 그 질서의 밖에 자리한다. 사회의 안과 밖 사이에서 두 축 사이를 오가면서 보다 나은 가능성을 탐구한다. 이 점에서 형법학자는 이율배반적이라고 할 수 있다. 사회의 일부 이면서 동시에 사회의 밖에 서야하기 때문이다. 형법학자는 이렇게 애매하게 선 변두리적 인간이다. 어떤 비극적인 주체이다. 거꾸로 말하여 비극적인 주체가 아니면 형법학자가 아닌 것이다.

형법학적 사유란 무엇인가? 형법학의 자기내면 깊숙이 들어가는 작업이다. 거기서 보편적인 것을 만나고, 보편성을 경험하는 것이다. 자기사유를 초월하여 타자사유에 마음을 여는 것이다. 바로 이것이 우리나라 형법학에는 결여되어 있다. 자기반성적 자기비판적 사고의 결여이다. 다른 것은 없느냐? 내가 잘못된 것은 아닌가? 라는 자기반성적 자기비판적 사고가 결여되어 있다. 자기극복 내지 자기초월의 사고 결여는 보편적인 시야로 열리지 못하고 있다는 것을 의미한다. 개념과 의미를 우리가 과거에 익숙한 것, 과거에 알던 것으로만 환원하고, 그것의 연장선상에서만 이해하려고 한다. 개체적인 심성은 보편적인 바탕 위에서 이루어져야 하는 것이다. 보편적인 바탕 위에서만 자기 자신을 알 수 있는 것이다. 타자에의 마음을 열때, 보편에의 마음을 가질 때 비로소 우리 안에 자기 내면이 생기는 것이다. 그러므로 외래성의 극복보다 먼저 와야 하는 것이 낙후성의 극복이다. 서양(독일)의 극복보다 더 시급한 것이 동양(한국)의 자기극복이다. 우리도 모르게 우리가 옳다고 우리사고를 지배 통제하고 있는 사고의 틀을 끊임없이 반성적 비판적으로 사유해야 하는 것이다.

　　머리말이 길어졌다. 본서의 머리말을 써야 한다고 하는데, 아무리해도 쓸 말이 없다. 형법총론 교과서의 머리말에 필자가 할 말은 다 했기 때문이다. 그래서 이번 머리말은 백지 빈 공간으로 몇 페이지 놔둘까하기도 했다. 혹은 〈머리말: 쓸 말 없음〉이라고 할까도 생각해 보았다. 어쨌든 본서 형법각론 교과서의 머리말이 길어졌다. 이는 단지 할 말이 없어서 길어진 것이다. 쓸 말이 없으면 쓸데없이 주저리주저리 길어지는 법이다. 본 머리말은 '해지는 땅 형법이론의 비가'에 이은 '이미 해가 진 땅 형법이론의 비가'이다. 그래서 제2비가이다. 어두운 밤이 지나면 새벽이 올 것인가? 새로운 아침의 태양이 떠오를 것인가? 그 어둠의 세월을 견딜 수 있는가? 그 견딤이 형법학선언이다. 그래서 본 머리말은 '이론형법학 만가, 그 상여를 메고 부르는 슬픈 노래'에 이은 '이론형법학의 죽음 그 너머'이다. 그리하여 본서는 로스쿨시대의 표준적 형법교과서이다. 메리 크리스마스!

2018년 12월 24일
독일 프라이부르그에서
이 용 식

차 례

제1편 개인적 법익에 관한 죄

제2편 사회적 법익에 대한 죄

제3편 국가적 법익에 대한 죄

제1편

개인적 법익에 관한 죄

제 1 장

재산적 법익에 관한 죄

제 1 절   절도의 죄

1. 총설

가. 의의

절도죄는 타인이 점유하는 타인의 재물을 절취하는 범죄이다. 절도죄
의 보호법익에 관하여는 소유권설(다수설), 점유설 및 주된 보호법익은 소
유권이나 부차적으로 점유권이라는 절충설이 대립한다. 형법이 권리행사방
해죄를 별도로 두고 있고, 절도죄에 있어서 점유는 사실상의 재물지배를
뜻하는 순수한 사실상의 개념일 뿐 형법상 보호할 가치 있는 점유임을 요
하지 않으므로, 절도죄의 보호법익은 소유권이고 점유는 행위객체를 한정
하는 것으로 보는 소유권설이 타당하다.

판례는 절도죄의 성립에 필요한 불법영득의 의사라 함은 권리자를 배
제하고 타인의 물건을 자기의 소유물과 같이 그 경제적 용법에 따라 이
용·처분할 의사를 말하는 것으로 영구적으로 그 물건의 경제적 이익을 보
유할 의사가 필요한 것은 아니지만, 단순한 점유의 침해만으로서는 절도죄

를 구성할 수 없고 소유권 또는 이에 준하는 본권을 침해하는 의사, 즉 목
적물의 물질을 영득할 의사이거나 또는 그 물질의 가치만을 영득할 의사이
든 적어도 그 재물에 대한 영득의 의사가 있어야 한다(대법원 1992. 9. 8. 선
고 91도3149 판결)고 하였다. 친족상도례에 관한 규정은 범인과 피해물건의
소유자 및 점유자 모두 사이에 친족관계가 있는 경우에만 적용되는 것이고
절도범인이 피해물건의 소유자나 점유자의 어느 일방과 사이에서만 친족
관계가 있는 경우에는 그 적용이 없다(대법원 1980. 11. 11. 선고 80도131 판
결)고 하여 절충설을 취하고 있다.

절도죄의 보호법익이 보호받는 정도에 관하여는 위험범설, 침해범설
(다수설)이 대립한다.

나. 구성요건체계

절도의 죄의 기본적 구성요건은 단순절도죄(제329조)이다. 야간주거침
입절도죄(제330조), 특수절도죄(제331조)는 불법이 가중된 경우이고, 상습절
도죄(제332조)는 책임이 가중된 경우이다. 자동차등 불법사용죄(제331조의2)
는 독립된 구성요건이다.

절도죄의 미수범은 처벌하고(제342조), 친족상도례의 적용(제344조)이
있다. 임의적 자격정지 병과규정(제345조), 동력규정(제346조) 등도 있다.

2. 절도죄

타인의 재물을 절취한 경우 성립하는 범죄이다(제329조).

가. 객관적 구성요건

A. 행위의 객체

타인이 점유하는 타인소유의 재물이다. 형법은 제346조에서 "본장의
죄에 있어서 관리할 수 있는 동력은 재물로 간주한다"라고 규정하고, 이를

사기와 공갈의 죄(제354조), 횡령과 배임의 죄(제361조), 손괴의 죄(제372조)에 준용하고 있다. 재물의 개념에 관하여는 일정한 공간을 차지하고 있는 물체에 한한다고 보는 유체성설과 물리적으로 관리할 수 있으면 유체물뿐만 아니라 무체물도 재물이라고 보는 관리가능성설(다수설)이 대립한다.

판례는 장물이란, 재산죄로 인하여 얻어진 재물(관리할 수 있는 동력도 포함된다)을 말하는 것으로서 영득된 재물자체를 두고 말한다(대법원 1972. 6. 13. 선고 72도971 판결)고 하여 관리가능성설을 취하고 있다. 고체·액체·기체 등 일정한 공간을 차지하고 있는 유체물, 전기·수력·압력 등 관리할 수 있는 동력 등이 재물에 해당하고, 유체물도 관리할 수 있는 동력도 아닌 권리, 정보, 무형적 이익 등은 재물에 해당하지 않는다.

객관적·금전적 교환가치는 재물의 본질적 요소가 아니나, 최소한 주관적 가치 내지 소극적 가치는 있어야 재물이 될 수 있다(대법원 2007. 8. 23. 선고 2007도2595 판결).

부동산이 특히 절도죄의 객체에 포함되는지에 관하여는 형법이 절도죄의 객체를 동산이라 하지 않고 재물이라고 규정하고 있으므로 부동산을 재물에서 제외할 이유가 없고, 탈취행위의 본질은 재물에 대한 지배의 이전에 있지 장소적 이전에 있지 않다는 것을 근거로 하는 적극설, 절취의 개념에는 점유의 이전이 요구되는데 부동산은 가동성이 없고, 부동산 절도란 주로 사실상 부동산에 대한 권리를 절취하거나 경계를 침범하거나 부동산에 침입하여 점거하는 것을 의미하는데, 이들 행위는 절도죄가 아닌 경계침범죄, 주거침입죄 등 다른 범죄로 충분히 처벌할 수 있다는 것을 근거로 하는 소극설(다수설)이 대립한다.

재물의 소유권은 민법의 물권법이론에 따라 행위자 이외의 타인에 속하여야 한다. 타인에는 자연인은 물론 법인·법인격 없는 단체도 포함된다. 타인과 공동소유에 속하는 재물도 타인의 재물이다. 무주물이나 소유자가 유효하게 소유권을 포기한 재물은 타인의 재물이 아니다.

법률에 의하여 소유 또는 점유가 금지되어 있는 물건인 금제품이 재산죄의 객체가 될 수 있는가에 관하여는 금제품은 경제적 이용가능성이 없거나 소유권의 객체가 될 수 없다는 소극설, 금제품도 국가의 소유는 인정될 수 있고, 적법한 절차에 따라 몰수되기까지는 소유 또는 점유를 보호해야 한다는 적극설, 단순히 점유만 금지된 상대적 금제품은 재산죄의 객체인 재물이지만, 애초 소유권의 객체가 될 수 없는 절대적 금제품은 재산죄의 객체가 될 수 없다는 절충설이 대립한다. 판례는 유가증권도 그것이 정상적으로 발행된 것은 물론 비록 작성권한 없는 자에 의하여 위조된 것이라고 하더라도 절차에 따라 몰수되기까지는 그 소지자의 점유를 보호하여야 한다는 점에서 형법상 재물로서 절도죄의 객체가 된다(대법원 1998. 11. 24. 선고 98도2967 판결)고 하여 적극설을 취하고 있다.

형법에 있어서의 점유란 점유의사에 의한 재물에 대한 사실상의 지배를 의미한다. 형법상 점유는 순수한 사실상의 개념이라는 점에서 민법상의 점유와 구별된다. 따라서 형법에서는 간접점유나 상속으로 인한 점유의 이전 등이 인정되지 않는 반면, 점유보조자의 점유 등은 인정된다. 사실상의 재물지배(점유의 객관적·물리적 요소)는 재물에 대한 물리적·현실적 지배의사의 실현이 방해받지 않는 때에 인정되는데 ① 재물과 사람 사이의 밀접한 장소적 연관 또는 재물에 대한 장소적·시간적 작용가능성이 있어야 하고, ② 재물에 대한 사실상 처분가능성이 있어야 한다. 따라서 절도범도 절취한 장물에 대하여 점유를 가진다(대법원 1966. 10. 25. 선고 66다1437 판결). 지배(점유)의사(주관적·정신적 요소)는 ① 순수한 사실상의 처분의사 내지 지배의사를 말하므로, 민법상의 의사능력·행위능력은 요구되지 않고, ② 일반적·추상적 지배의사를 말하므로, 개개 재물의 소재·존재여부에 대한 인식이 없더라도 시간적·장소적 작용가능한 범위 내에 있는 모든 재물에 대하여 지배의사가 인정되며, ③ 지배의사는 잠재적 지배의사로 충분하므로, 수면 중인 사람의 점유의사도 인정된다.

사실상의 재물지배와 재배의사의 범위·한계는 사회적·규범적 요소에 의하여 결정되는데, ① 일단 개시된 점유는 재물에 대한 장소적·시간적 지배관계로부터 일시 이탈되더라도 점유는 계속된다고 보아 점유개념이 확대되는 경우도 있는 반면, ② 음식점에서 손님이 가지고 있는 식기나 수저에 대한 손님의 점유가 인정되지 않는 것과 같이 점유개념이 제한되는 경우도 있다.

타인의 점유란 행위자의 단독점유에 속하지 않는 경우를 의미하는데, 오로지 타인의 점유이거나 행위자와 타인의 공동점유가 포함된다. 공동점유란 다수인이 재물에 대하여 사실적 지배를 가지는 것을 말하는데, 대등관계에 의한 공동점유와 상하관계에 의한 점유로 구별되고, 동업자간의 점유와 같은 대등관계에 의한 공동점유의 경우 공동점유자 상호간에 점유의 타인성이 인정되어 절도죄가 성립하나, 상점주인과 종업원 사이의 상하관계와 같은 상하관계에 의한 공동점유의 경우 하위점유자의 점유는 상위점유자에 대한 관계에서 보호받지 못하므로, 상위점유자에게는 자기점유, 하위점유자에게는 타인점유가 인정된다. 다만 상위점유자의 특별한 위탁에 의해 하위점유자가 보관하게 된 물건은 하위점유자의 단독점유에 속한다 (대법원 1982. 3. 9. 선고 81도3396 판결).

B. 행위

본죄의 행위는 절취이다. 절취란 타인이 점유하고 있는 재물을 점유자의 의사에 반하여 그 점유를 배제하고 자기 또는 제3자의 점유로 옮기는 것으로서 타인의 점유의 배제와 새로운 점유의 취득을 내용으로 한다.

점유의 배제란 점유자의 의사에 반하여 기존의 점유자의 재물에 대한 사실상의 지배를 제거하는 것을 말한다. 점유자의 명시적·묵시적 동의는 구성요건해당성을 조각하는 양해에 해당한다. 점유자는 조건부로 동의할 수 있고, 이때에는 그 해당 조건을 충족한 때에만 절취에 해당하지 않는다. 점유배제의 수단·방법은 불문한다. 기망을 사용한 경우에도 그 기망이 재물을 교부받기 위한 수단이 아니라 점유배제의 수단인 때에는 절도가 된다.

점유의 취득이란 행위자 또는 제3자가 재물에 대하여 방해받지 않는 사실상의 지배를 갖는 것을 말한다. 재물을 자기의 지배하에 두면 족하므로 재물의 취득이 있는 때 절도죄의 기수가 된다고 볼 것인데(취득설, 통설, 판례), 재물의 크기·무게에 비추어 운반이 용이한 재물은 손에 집어 드는 것으로 이미 기수가 되고, 운반이 곤란한 재물은 적어도 반출할 수 있는 상태에 이르러야 기수가 된다.

나. 주관적 구성요건

A. 고의

타인이 점유하는 타인의 재물을 절취한다는 데 대한 인식과 의사를 말하고, 미필적 고의로도 족하다. 재물의 타인성은 규범적 구성요건요소이므로, 재물의 타인성에 대한 인식도 고의의 내용이 되고, 문외한으로서의 소박한 인식으로도 족하다.

B. 불법영득의사

불법영득의사란 권리자를 배제하고 타인의 재물을 자기의 소유물처럼 사용·수익·처분할 의사를 말한다. 불법영득의사의 요부에 관하여는 명문규정은 없으나 절도죄의 보호법익은 소유권으로 보아야 하고, 원칙적으로 사용절도를 처벌하지 않으며, 절도죄를 손괴죄에 비하여 무거운 형으로 처벌하고 있으므로 절도죄의 성립에 불법영득의사가 필요하다(통설). 판례도 "절도죄의 성립에 필요한 불법영득의 의사라 함은 권리자를 배제하고 타인의 물건을 자기의 소유물과 같이 그 경제적 용법에 따라 이용·처분할 의사를 말하는 것으로 영구적으로 그 물건의 경제적 이익을 보유할 의사가 필요한 것은 아니지만 단순한 점유의 침해만으로서는 절도죄를 구성할 수 없고 소유권 또는 이에 준하는 본권을 침해하는 의사 즉 목적물의 물질을 영득할 의사이거나 또는 그 물질의 가치만을 영득할 의사이든 적어도 그 재물에 대한영득의 의사가 있어야 한다(대법원 1992. 9. 8. 선고 91도3149 판결)"고 하여 불법영득의사가 필요하다는 입장이다.

불법영득의사의 법적 성격(체계적 지위)에 관하여는 불법하게 영득하는
것이 절도죄의 객관적 구성요건요소가 아니므로 고의와는 별개의 초과주
관적 구성요건요소로 보는 것이 타당하다(다수설). 불법영득의사의 내용으
로는 타인의 재물에 대하여 일시적으로라도 소유권자에 유사한 지위를 취
득할 의사인 적극적 요소와 원래의 소유자를 종래의 지위에서 영구적으로
배제하려는 의사인 소극적 요소가 있다.

판례는 절도죄의 성립에 필요한 불법영득의 의사란 타인의 물건을 그
권리자를 배제하고 자기의 소유물과 같이 그 경제적 용법에 따라 이용·처
분하고자 하는 의사를 말하는 것으로서, 단순히 타인의 점유만을 침해하였
다고 하여 그로써 곧 절도죄가 성립하는 것은 아니나, 재물의 소유권 또는
이에 준하는 본권을 침해하는 의사가 있으면 되고 반드시 영구적으로 보유
할 의사가 필요한 것은 아니며, 그것이 물건 자체를 영득할 의사인지 물건
의 가치만을 영득할 의사인지를 불문한다. 따라서 어떠한 물건을 점유자의
의사에 반하여 취거하는 행위가 결과적으로 소유자의 이익으로 된다는 사
정 또는 소유자의 추정적 승낙이 있다고 볼 만한 사정이 있다고 하더라도,
다른 특별한 사정이 없는 한 그러한 사유만으로 불법영득의 의사가 없다고
할 수는 없다(대법원 2014. 2. 21. 선고 2013도14139 판결)고 하여 적극적 요소
와 소극적 요소 이외에 경제적 용법에 따른 이용의사를 요한다는 입장이
다. 그러나 재물이 경제적 가치를 가질 것을 요하지 않듯이 영득의사도 경
제적 용법에 따라 이용할 의사임을 요하지 않고, 경제적 용법에 따른 이용
의사는 영득의사의 적극적 요소에 내포되어 있으므로 이를 독자적 내용으
로 추가할 필요는 없다.

영득의사의 객체로는 물체 또는 해당 물체가 가지고 있는 가치 양자
모두가 될 수 있는데(절충설, 통설, 판례), 재물이 가지고 있는 두 가지 측면
의 하나에 지나지 않기 때문이다. 여기서 가치란 재물의 종류와 기능에 따
라 개념적으로 결합되어 있는 특수한 기능가치만을 의미한다. 물건 자체를
반환한 경우에도 재물의 가치를 감소 또는 소멸시킨 때에는 영득의사를 인

정할 수 있다.

사용절도란 타인의 재물을 일시적으로 사용한 후에 반환하는 것을 말한다. 절도죄의 성립에는 불법영득의사가 필요하므로 사용절도는 원칙적으로 처벌되지 아니하나, 예외적으로 일시사용의 의사로 자동차, 선박, 항공기 또는 원동기장치자전거를 절취한 경우 사용절도에 해당하면 자동차 등 불법사용죄(제331조의2)가 성립할 수 있다. 사용절도가 되기 위하여는 ① 반환의사가 있어야 한다. 일시사용 후 피해자의 지배범위에 되돌려 놓아야 한다. ② 단순한 재물의 일반적 사용가치만을 취득하여야 한다. 재물의 사용으로 해당 재물의 특수한 기능가치가 소멸되었거나 현저히 감소된 때에는 절도죄가 성립한다.

불법영득의사에 있어서 불법은 실질적으로 소유권에 일치하지 않는 상태를 야기했을 경우에 인정되어야 하므로 영득이 불법한 경우에 인정되어야 한다(영득의 불법설, 다수설). 판례는 형법상 절취란 타인이 점유하고 있는 자기 이외의 자의 소유물을 점유자의 의사에 반하여 그 점유를 배제하고 자기 또는 제3자의 점유로 옮기는 것을 말하는 것으로, 비록 약정에 기한 인도 등의 청구권이 인정된다고 하더라도, 취거 당시에 점유 이전에 관한 점유자의 명시적·묵시적인 동의가 있었던 것으로 인정되지 않는 한, 점유자의 의사에 반하여 점유를 배제하는 행위를 함으로써 절도죄는 성립하는 것이고, 그러한 경우에 특별한 사정이 없는 한 불법영득의 의사가 없었다고 할 수는 없다(대법원 2001. 10. 26. 선고 2001도4546 판결)고 하여 절취가 적법하지 않은 경우 불법영득의사를 인정하고 있다(절취의 불법설). 한편, 대법원은 렌터카 회사 직원이 렌터카 고객에게 계약 해지를 통보하고 차량 반환을 요구하였으나 그 고객이 이를 거절하였고 이에 그 렌터카를 몰래 견인해 온 사안에서, 약정에 기한 인도 등 청구권이 인정된다고 하더라도 재물의 취거 당시 점유 이전에 관한 점유자의 명시적·묵시적 동의가 있었던 것으로 인정되지 않는 한 점유자의 의사에 반하여 점유를 배제하는 행위를 함으로써 절도죄가 성립하는 것이고, 그러한 경우 특별한 사정이 없는 한 불법영득의사가 없다고 할 수 없다고 하였다(대법원 2018. 8. 30. 선고 2017도13329 판결). 그러나 영득과 절취는 구별해야 하고, 절도죄의 보호법익은 소유권이므로 영득이 실질적인 소유권질서와 일치한다면 그 수단인 절취가 불법하더라도 보호법익의 침해는 없으므로 재산죄인 절도죄는 성립하지 않는다고 보아야 한다.

다. 죄수

본죄의 보호법익은 전속적 법익이 아니므로 본죄의 죄수는 구성요건적 행위인 절취의 수에 따라 결정된다. 본죄는 상태범이므로 절도가 기수에 이른 후 장물을 손괴 내지 처분하는 행위는 추가적인 법익의 침해가 없다면 불가벌적 사후행위가 된다.

3. 야간주거침입절도죄

야간에 사람의 주거, 간수하는 저택, 건조물이나 선박 또는 점유하는 방실에 침입하여 타인의 재물을 절취하는 경우 성립하는 범죄이다(제330조). 야간이란 범죄지에서 일몰 후 일출 전까지를 의미한다(천문학적 해석, 통설).

본죄의 착수시기는 절도의 의사로 야간에 사람의 주거 등에 침입할 때이고, 기수시기는 재물을 취득한 때이다. 판례도 "형법은 제329조에서 절도죄를 규정하고 곧바로 제330조에서 야간주거침입절도죄를 규정하고 있을 뿐, 야간절도죄에 관하여는 처벌규정을 별도로 두고 있지 아니하다. 이러한 형법 제330조의 규정형식과 그 구성요건의 문언에 비추어 보면, 형법은 야간에 이루어지는 주거침입행위의 위험성에 주목하여 그러한 행위를 수반한 절도를 야간주거침입절도죄로 중하게 처벌하고 있는 것으로 보아야 하고, 따라서 주거침입이 주간에 이루어진 경우에는 야간주거침입절도죄가 성립하지 않는다고 해석하는 것이 타당하다(대법원 2011. 4. 14. 선고 2011도

300, 2011감도5 판결)"고 하여 주간에 주거에 침입하여 야간에 절도를 한 경우 야간주거침입절도죄가 성립하지 않는다고 한다.

4. 특수절도죄

가. 제331조 제1항의 특수절도죄

본죄는 문호 또는 장벽 기타 건조물의 일부를 손괴하고 야간주거침입절도죄를 범한 경우에 성립한다. 문호 또는 장벽 기타 건조물의 일부란 권한 없는 사람의 침입을 방지하기 위한 인공적 시설물을 의미하고, 손괴란 문호 등을 물질적으로 훼손하여 그 효용을 해하는 것을 말한다. 침입을 위하여 건조물의 일부를 손괴하기 시작한 때 실행의 착수가 있고, 재물을 취득한 때 기수가 된다.

나. 제331조 제2항 전단의 특수절도죄

본죄는 흉기를 휴대하고 절도죄를 범한 경우에 성립한다. 절도는 야간주거침입절도죄를 포함한다. 흉기란 엄격한 의미에서는 사람의 살상이나 재물의 손괴를 목적으로 제작되고 그 목적을 달성하는 데 적합한 물건을 말하나, 본죄의 흉기는 이에 한하지 않고 널리 위험한 물건과 같은 의미로 해석해야 한다. 휴대란 몸 가까이에 소지하는 것을 말한다. 몸에 지니고 있는 경우뿐만 아니라 언제라도 사용할 수 있을 정도로 가까운 곳에 있으면 족하다.

행위자가 흉기를 휴대한다는 것을 인식하면 족하고, 피해자가 흉기휴대사실을 인식할 필요는 없다.

다. 제331조 제2항 후단의 특수절도죄

본죄는 2인 이상이 합동하여 절도죄를 범한 경우에 성립한다. 합동범이란 2인 이상이 합동하여 죄를 범한 경우에 형이 가중되는 범죄를 말한다.

합동범을 무겁게 벌하는 이유는 2인 이상이 합동하여 범하는 때에는 일반에 대한 위험성이 커지고 집단범죄가 되어 피해자에 대한 구체적 위험도 증가한다는 데 있다. 합동이란 시간적·장소적 협동을 의미한다(현장설, 통설). 합동범은 특별히 형이 가중되는 범죄이므로 그 성립범위를 가능한 제한할 필요도 있으므로, 공동정범 중에서 현장적 공동관계가 있는 경우만이 합동범이 된다고 보는 현장설이 타당하다. 판례도 제331조 제2항 후단에 정한 합동범으로서의 특수절도가 성립되기 위하여서는 주관적 요건으로서의 공모와 객관적 요건으로서의 실행행위의 분담이 있어야 하고 그 실행행위에 있어서는 시간적으로나 장소적으로 협동관계가 있음을 요한다고 하여 현장설을 취하고 있다.

합동범의 공동정범이 가능한가에 관하여는 합동범에도 공동정범의 일반이론이 그대로 적용되어야 하므로 2인 이상이 현장에서 가담하지 않은 자도 공동정범이 된다는 긍정설과, 합동범에 대한 공동정범은 불가능하다는 부정설(통설)이 대립한다. 합동범은 공동정범에 대한 특별규정이어서 시간적·장소적으로 협동한 자만이 합동범의 정범이 될 수 있으므로, 합동범에 대하여는 공동정범의 규정이 적용될 수 없다고 보는 것이 타당하다. 현장 밖에서 기능적 역할을 분담한 자는 단순절도죄의 공동정범과 특수절도죄의 교사 또는 방조의 상상적 경합으로 처벌하여야 한다. 경우에 따라서는 형법 제34조 제2항이 적용될 수도 있을 것이다.

5. 상습절도죄

본죄(제332조)는 절도의 습벽으로 인해 절도죄·야간주거침입절도죄·특수절도죄 및 자동차등 불법사용죄에 비하여 책임이 가중되는 범죄이다. 상습이란 일정한 행위를 반복적으로 행하는 습벽을 말한다. 단 1회의 절도라도 절도습벽의 발현이라면 본죄가 성립할 수 있고, 수회의 절도를 하였어도 절도습벽의 발현이 아닌 경우 본죄가 성립하지 않는다.

상습으로 범한 수개의 절도는 포괄하여 일죄가 되고, 수개의 절도가 구성요건을 달리 할 때에는 가장 중한 죄의 상습범으로서 포괄일죄가 된다.

6. 자동차등 불법사용죄

자동차등 불법사용죄(제331조의2)는 권리자의 동의 없이 타인의 자동차, 선박, 항공기 또는 원동기장치자전거를 일시 사용한 자는 3년 이하의 징역, 500만 원 이하의 벌금, 구류 또는 과료에 처한다. 본죄는 자동차, 선박, 항공기 또는 원동기장치자전거의 사용절도를 특별히 처벌하기 위하여 1995년의 형법개정으로 신설된 규정이다. 본죄의 보호법익에 관하여는 소유권설과 사용권설이 대립한다. 본죄는 불법영득의사 없이 자동차의 사용권만을 일시 침해하는 경우를 예외적으로 처벌하기 위하여 신설된 것으로 사용권설이 타당하다.

본죄는 자동차, 선박, 항공기 또는 원동기장치자전거를 일시 사용함으로써 성립한다. 행위객체는 원동기가 장치되어 동력에 의하여 움직이는 교통수단이다. 행위는 권리자의 동의 없이 일시 사용하는 것이다. 여기서 권리자란 사용권자를 의미하고, 사용이란 불법하게 자동차 등의 사용을 개시하여 그 용법에 따라 통행수단으로 이용하는 것을 말한다.

권리자의 동의 없이 타인의 자동차 등을 일시 사용한다는 점에 대한 고의는 있어야 하지만, 불법영득의사는 없어야 한다.

본죄는 절도죄에 대하여 보충관계에 있으므로 불법영득의사가 인정되어 절도죄가 성립하는 때에는 본죄는 성립하지 않는다.

7. 친족상도례

친족상도례(제328조, 제344조)란 강도죄와 손괴죄를 제외한 재산죄에 관한 친족간의 범죄는 형을 면제하거나 고소가 있어야 공소를 제기할 수 있도록 하는 특례를 말한다. 제328조 제1항의 형면제는 인적 처벌조각사유이고, 같은 조 제2항의 고소는 소추조건이다(통설).

친족상도례가 적용될 수 있는 친족의 범위는 민법에 따라 정해진다. 배우자는 법률혼에 의한 배우자만을 말하고, 동거친족은 같은 주거에서 일상생활을 함께 하는 친족을 말한다. 제328조 제1항의 '그 배우자'는 동거가족의 배우자만을 의미하는 것이 아니라, 직계혈족, 동거친족, 동거가족 모두의 배우자를 의미한다(대법원 2011. 5. 13. 선고 2011도1765 판결).

친족관계는 행위 시에 존재하여야 한다. 다만, 인지의 소급효가 인정되는 경우에는 그에 따라 형성되는 친족관계를 기초로 하여 친족상도례가 적용된다(대법원 1997. 1. 24. 선고 96도1731 판결).

재물의 소유자와 점유자가 다른 경우에 친족상도례가 적용되기 위하여는 친족관계가 행위자와 소유자뿐만 아니라 행위자와 점유자 사이에도 있어야 한다(통설, 판례).

친족상도례에서 친족관계는 객관적으로 존재하면 충분하고 이를 인식할 필요도 없다. 친족관계에 대한 착오는 범죄의 성립에 영향을 미치지 못한다. 친족상도례는 정범뿐만 아니라 공범에도 적용되나, 친족관계가 없는 공범에 대하여는 적용되지 않는다. 친족관계 있는 자가 친족관계 없는 타인을 교사 또는 방조한 경우 친족상도례는 친족에게만 적용된다.

제 2 절 강도의 죄

1. 총설

가. 의의

강도죄는 폭행 또는 협박으로 타인의 재물을 강취하거나 기타 재산상의 이익을 취득하거나 제3자로 하여금 이를 취득하게 함으로써 성립하는

범죄이다. 강도죄의 주된 보호법익은 재산권이지만, 폭행, 협박을 수단으로
한다는 점에서 생명·신체의 완전성 및 의사의 자유도 보호법익이 된다.

나. 구성요건체계

강도죄의 죄의 기본적 구성요건은 단순강도죄(제333조)이다. 특수강도
죄(제334조), 해상강도죄(제340조)는 불법이 가중된 경우이고, 강도상해·치
상죄(제337조), 강도살인·치사죄(제338조), 강도강간죄(제339조)는 결합범
형식에 의하여 가중된 경우이고, 상습강도죄(제341조)는 책임이 가중된 경
우이다. 준강도죄(제335조), 인질강도죄(제336조)는 독립된 구성요건이다.

강도죄의 미수범(제342조)과 예비·음모(제343조)는 처벌하고, 자격정지
를 병과(제345조)할 수 있다.

2. 강도죄

폭행 또는 협박으로 타인의 재물을 강취하거나 기타 재산상의 이익을
취득하거나 제3자로 하여금 이를 취득하게 한 경우 성립하는 범죄이다(제
333조).

가. 객관적 구성요건

A. 행위의 객체

타인이 점유하는 타인의 재물 또는 재산상의 이익이다. 재물의 개념은
절도죄에서와 같다. 재산상 이익이란 재물 이외의 일체의 경제적 가치 있
는 이익을 말한다(경제적 재산설, 다수설). 법적으로 승인되는지를 불문하고
경제적 기준에 의하여 가치가 있는 것이어야 한다. 재물도 재산상 이익의
일종이나 재물죄의 객체로서 독립된 의미를 가지므로 여기서 제외된다.

판례도 재산상의 이익은 반드시 사법상 유효한 재산상의 이득만을 의
미하는 것이 아니고 외견상 재산상의 이득을 얻을 것이라고 인정할 수 있

는 사실관계만 있으면 된다(대법원 1994. 2. 22. 선고 93도428 판결)고 하여 경제적 재산설을 취하고 있다.

B. 행위

본죄의 행위는 폭행 또는 협박으로 타인의 재물을 강취하거나 기타 재산상의 이익을 취득하거나 제3자로 하여금 이를 취득하게 하는 것이다.

폭행이란 사람에 대한 유형력의 행사를 말한다. 반드시 사람의 신체에 대한 것일 필요는 없고, 직접적으로는 물건에 대한 것이지만 간접적으로 사람에 대한 것이면 폭행이 될 수 있다. 유형력의 행사는 반드시 폭력적인 방법에 의해야 하는 것은 아니므로 마취제, 수면제, 약물을 복용시키는 것도 폭행에 해당한다.

협박이란 해악을 고지하여 상대방에게 외포심을 일으키는 것을 말한다. 해악의 내용에는 제한이 없고, 현실적으로 해악을 가할 의사나 능력 또는 해악의 실현가능성 여부는 불문한다.

폭행·협박의 정도는 상대방의 의사를 억압하여 반항을 불가능하게 할 정도에 이를 것을 요한다. 이러한 정도에 이르지 않고 재물의 교부를 받거나 재산상 이익을 취득한 경우에는 공갈죄가 성립한다. 피해자가 현실적으로 반항을 하였는가 또는 현실적으로 폭행·협박을 인식하였는가는 문제되지 않는다. 상대방의 반항을 불가능하게 할 정도의 폭행·협박인지 여부는 객관적으로 결정한다. 폭행·협박의 상대방이 반드시 매물 또는 재산상 이익의 피해자와 일치할 필요는 없다. 폭행·협박을 개시한 때 실행의 착수가 있다.

재물강취란 폭행·협박으로 점유자의 의사에 반하여 재물을 자기 또는 제3자의 점유로 옮기는 것을 말한다. 피해자가 재물을 교부하더라도 억압된 의사에 의한 것이면 강취에 해당한다.

이익의 취득이란 폭행·협박으로 상대방의 의사에 반하여 재산상의 이익을 자신이 취득하거나 제3자로 하여금 취득하게 하는 것을 말한다. 채무면제, 변제기일 연기, 경제적 가치 있는 노무 제공 등도 포함된다. 피해자의 하자 있는 의사표시에 의한 것일 때에는 공갈죄가 성립한다. 피해자의 의사표시는 필요하지 않다. 채무자가 채무면탈을 목적으로 채권자를 살해한 경우 이로 인하여 채무자가 현실적으로 채무면탈이라는 재산상의 이익을 취할 수 있는 사실관계가 존재한다면 강도살인죄가 성립하지만, 그럴 수 없다면 단순살인죄가 성립한다. 즉, 채무의 존재가 명백하며 채권자의 상속인이 존재하고 그가 채권의 존재를 확인할 방법이 확보되어 있어 일시적으로 채권자 측의 추급을 면한 것에 불과한 때에는 강도살인죄가 성립할 수 없다.

폭행·협박은 재물 등 강취의 수단으로 행해져야 한다. 반항을 억압할 정도의 폭행 및 재물강취가 있더라도 폭행이 피해자의 반항억압을 목적으로 함이 없이 점유탈취의 과정에서 우연히 가해졌다면 강도죄는 성립할 수 없다. 수단과 목적의 관계는 폭행·협박과 재물 등 강취가 밀접한 시간적·장소적 관련이 있을 때 인정될 수 있다. 폭행, 강간 등 다른 목적으로 폭행·협박하던 중 재물강취의 고의가 생겨 계속 폭행·협박하여 재물을 빼앗은 때에는 목적, 수단관계가 인정되므로 강도죄가 성립한다. 수단인 폭행·협박과 목적인 재물 등 강취 사이에는 인과관계가 있어야 한다. 강도의 고의로 상대방의 반항을 억압할 정도의 폭행·협박을 하였으나 상대방이 전혀 공포를 느끼지 않고 연민의 정에서 재물을 교부하였거나, 공포심을 일으키긴 했지만 반항이 억압되지 않은 상태에서 재물을 교부한 경우에는 인과관계가 없으므로 강도미수가 성립한다.

본죄의 착수시기는 폭행·협박을 개시한 때이고, 기수시기는 재물 또는 재산상의 이익을 취득한 때이다.

나. 주관적 구성요건

행위자에게는 폭행 또는 협박으로 타인의 재물을 강취하거나 재산상의 이익을 취득한다는 인식이 있어야 한다. 고의 이외에 재물을 강취하는 때에는 불법영득의사가 있어야 하고, 재산상의 이익을 취득하는 때에는 불법이득의사가 있어야 한다.

다. 죄수

본죄는 재산이라는 비전속적 법익과 생명·신체의 완전성 및 의사의 자유라는 일신전속적 법익을 모두 침해하는 범죄이므로, 재산에 대한 관리자의 수 및 일신전속적 법익이 침해된 사람의 수를 종합하여 죄수를 결정하여야 한다. 같은 사람이 관리하고 있는 수인의 소유에 속하는 재물을 강취한 때에는 본죄의 단순일죄가 된다. 이에 반하여 하나의 행위로 수인을 폭행·협박한 때에는 상상적 경합이 된다.

본죄는 상태범이므로 강취한 재물을 사용·수익·처분한 경우 그 행위가 새로운 법익을 침해하지 않고 본죄에 전제되어 있는 불법의 범위에 속하는 때에는 불가벌적 사후행위가 된다.

3. 준강도죄

가. 의의

준강도죄(제335조)는 절도죄와 폭행·협박죄가 결합된 범죄로서, 절도가 재물의 탈환을 항거하거나 체포를 면탈하거나 죄적을 인멸할 목적으로 폭행 또는 협박할 때 성립하는 범죄이다. 본죄는 절도죄나 강도죄의 가중적 구성요건이 아니라, 그 위험성 또는 불법의 정도가 강도죄와 동일하게 평가될 수 있기 때문에 강도죄에 준해서 처벌되는 독립된 구성요건이다.

나. 객관적 구성요건

본죄의 주체는 절도이다. 절도죄의 구성요건을 충족한 자만이 본죄의 주체가 될 수 있다. 절도에는 단순절도, 야간주거침입절도, 특수절도, 상습절도가 모두 포함된다. 절도미수범도 포함된다. 절도의 정범에 한하고, 교사, 방조범은 포함되지 않는다. 강도가 본죄의 주체가 되는가에 관하여는 재물에 대한 강도는 절도죄의 구성요건을 모두 충족하므로 본죄의 주체가 된다는 긍정설과 형법이 본죄의 주체를 절도라고 명시한 이상 강도를 본죄의 주체로 인정하는 것은 문언해석에 반한다는 부정설이 대립한다.

본죄의 행위는 폭행 또는 협박을 하는 것이다. 폭행·협박의 정도는 강도죄에서와 같다. 폭행·협박은 절도의 기회에 행하여져야 한다. 절도와 폭행·협박은 강도죄와 같이 평가될 수 있을 정도로 시간적·장소적으로 근접하여 그 연관성이 인정되어야 한다. 즉, 폭행·협박은 절도의 실행에 착수하여 그 실행 중이거나 그 실행 직후 또는 실행의 범의를 포기한 직후로서 사회통념상 범죄행위가 완료되지 아니하였다고 인정될 만한 단계에서 행하여질 것을 요하고, 절도현장 또는 그 부근에서 행해져야 한다. 다만 현장에서 발각되어 추격을 받는 경우에는 거리가 떨어진 때에도 장소적 근접성이 인정될 수 있다.

본죄의 기수와 미수의 구별기준에 관하여는 준강도죄의 본질이 재산죄이므로 절도의 기수·미수에 따라 판단해야 한다는 절도기준설, 준강도의 구성요건적 행위가 폭행·협박이므로 폭행·협박의 기수·미수에 따라 판단해야 한다는 폭행·협박기준설, 폭행·협박과 절도가 모두 기수가 되어야 본죄의 기수가 성립한다는 종합설이 대립한다. 강도죄에 있어서는 재물을 강취하여야 기수가 됨에도 불구하고 폭행·협박을 기준으로 기수와 미수를 판단할 때에는 강도의 미수가 준강도의 기수로 처벌받게 되는 불균형이 초래되므로 절도기준설이 타당하다. 판례도 형법 제335조에서 절도가 재물의 탈환을 항거하거나 체포를 면탈하거나 죄적을 인멸할 목적으로 폭행 또는 협박을 가한 때에 준강도로서 강도죄의 예에 따라 처벌하는 취지는, 강도죄와 준강도죄의 구성요건인 재물탈취와 폭행·협박 사이에 시간적 순서상 전후의 차이가 있을 뿐 실질적으로 위법성이 같다고 보기 때문인바, 이와 같은 준강도죄의 입법 취지, 강도죄와의 균형 등을 종합적으로 고려해 보면, 준강도죄의 기수 여부는 절도행위의 기수 여부를 기준으로

하여 판단하여야 한다(대법원 2004. 11. 18. 선고 2004도5074 전원합의체 판결)
고 하여 절취행위기준설을 취하고 있다.

다. 주관적 구성요건

본죄가 성립하기 위하여는 절도와 폭행·협박의 고의가 있어야 한다.
또한 초과주관적 구성요건으로서 재물탈환 항거, 체포면탈, 죄적인멸 등의
목적이 있어야 한다. 목적 달성 여부는 본죄의 성립에 영향을 미치지 아니
한다.

라. 공범

절도의 공동정범 중 일부가 본죄를 범한 경우 다른 공범자에게도 본죄
의 성립을 인정할 수 있는지에 관하여 판례는 합동하여 절도를 한 경우 범
인 중 1인이 체포를 면탈할 목적으로 폭행을 하여 상해를 가한 때에는 나
머지 범인도 이를 예기하지 못한 것으로 볼 수 없으면 준강도상해죄의 죄
책을 면할 수 없다(대법원 1982. 7. 13. 선고 82도1352 판결)고 한다. 그러나 절
도의 공동정범에게 유사시에 폭행·협박하기로 하는 의사연락이 있었다고
보기 어렵고, 폭행·협박을 하지 않은 공동정범은 다른 공동정범의 폭행·
협박을 기능적으로 지배하지 못하였으므로 공동정범 가운데 1인이 범위를
초과한 때에는 그 부분은 단독정범이 될 뿐이고 다른 공범자에게 본죄의
성립을 인정할 수는 없다.

마. 처벌

본죄의 강도죄(제333조) 내지 특수강도죄(제334조)의 예에 의하여 처벌
된다. 강도상해·치상죄, 강도살인·치사죄, 강도강간죄 등의 적용에 있어
서 강도와 같이 취급된다.

특수강도에 해당하는지는 폭행·협박의 방법에 따라 판단하여야 한다.
판례도 절도범인이 절도기수 후 또는 절도의 착수 후 그 수행의 범의를 포

기한 후에 소정의 목적으로서 폭행 또는 협박을 하는 행위가 그 태양에 있어서 재물탈취의 수단으로서 폭행, 협박을 가하는 강도죄와 같이 보여질 수 있는 실질적 위법성을 지니게 됨에 비추어 이를 엄벌하기 위한 취지로 규정되어 있는 것이며, 강도죄에 있어서의 재물탈취의 수단인 폭행 또는 협박의 유형을 흉기를 휴대하고 하는 경우와 그렇지 않은 경우로 나누어 흉기를 휴대하고 하는 경우를 특수강도로 하고, 그렇지 않은 경우를 단순강도로 하여 처벌을 달리하고 있음에 비추어 보면 절도범인이 처음에는 흉기를 휴대하지 아니하였으나 체포를 면탈할 목적으로 폭행 또는 협박을 가할 때에 비로소 흉기를 휴대사용하게 된 경우에는 형법 제334조의 예에 의한 준강도(특수강도의 준강도)가 되는 것으로 해석하고 있다(대법원 1973. 11. 13. 선고 73도1553 전원합의체 판결).

4. 인질강도죄

인질강도죄(제336조)는 사람을 체포·감금·약취 또는 유인하여 이를 인질로 삼아 재물 또는 재산상의 이익을 취득하거나 제3자로 하여금 이를 취득하게 함으로써 성립하는 범죄이다. 본죄는 체포·감금죄 또는 약취·유인죄와 공갈죄의 결합범이다.

체포·감금 또는 약취·유인의 객체는 사람이다. 인질과 재산상의 피해자가 동일인인가는 문제되지 않는다. 인질로 삼는다는 것은 체포, 감금, 약취, 유인된 자의 석방이나 생명·신체에 대한 안전을 보장하는 대가로 재물이나 재산상의 이익을 취득하기 위하여 피체포자 등의 자유를 구속하는 것을 의미한다.

본죄의 착수시기는 석방이나 안전의 대가로 재물 또는 재산상의 이익을 요구한 때이고, 본죄의 기수시기는 재물 또는 재산상의 이익을 취득한 때이다. 본죄의 범인이 인질을 상해하거나 살해까지 한 때에는 강도상해죄 또는 강도살인죄만 성립한다.

5. 특수강도죄

특수강도죄(제334조)는 야간에 사람의 주거, 관리하는 건조물, 선박이나 항공기 또는 점유하는 방실에 침입하여 강도죄를 범하였거나, 흉기를 휴대하거나 2인 이상이 합동하여 강도죄를 범한 경우에 성립하는 범죄이다. 이는 단순강도죄에 비하여 불법이 가중되는 구성요건이다.

제1항의 특수강도(야간주거침입강도)의 착수시기는 주거침입시(대법원 1992. 7. 28. 선고 92도917 판결), 폭행·협박시(대법원 1991. 11. 22. 선고 91도2296 판결) 등 견해가 대립되어 있으나, 강도죄는 단순한 재산죄가 아니라 신체의 완전성, 의사의 자유 등 인격적 법익도 보호법익으로 하고 있고, 법적 안정성의 견지에서도 강도의 의사가 확실하게 표현되는 때를 착수시기로 보는 폭행·협박시가 타당할 것으로 보인다.

제2항에서 흉기를 휴대하거나 2인 이상 합동의 의미는 제331조 제2항의 특수절도죄와 동일하다.

6. 강도상해·치상죄

강도상해·치상죄는 강도가 사람을 상해하거나 상해에 이르게 한 경우 성립하는 범죄이다(제337조). 형법은 강도상해죄와 강도치상죄를 같이 취급하고 있으며, 강도상해죄는 강도죄와 상해죄의 결합범이고, 강도치상죄는 강도죄의 결과적 가중범이다.

본죄의 주체는 강도이다. 단순강도, 특수강도, 인질강도, 준강도를 포함하고, 미수와 기수를 불문한다. 다만 강도는 정범이어야 한다.

본죄의 행위는 사람을 상해하거나 상해에 이르게 하는 것이다. 사람에는 피해자는 물론 강도행위 또는 피해자와 밀접한 관계가 있는 제3자도 포함한다. 본죄의 상해는 피해자의 신체의 건강상태가 불량하게 변경되고 생활기능에 장애가 초래될 정도의 상해를 말한다. 상처가 극히 경미하여 굳이 치료할 필요가 없고 치료를 받지 않더라도 일상생활을 하는 데 아무런 지장이 없으며 시일이 경과함에 따라 자연적으로 치유될 수 있는 정도일 경우에는 본죄의 상해라고 할 수 없다. 상해·치상의 결과는 강도의 기회에 발생하면 충분하다.

본죄는 재물강취가 아니라 상해를 기준으로 기수·미수를 결정한다. 따라서 강도미수범이 상해기수에 이른 경우에는 강도상해의 미수가 아니라 기수가 된다. 문제는 강도치상죄의 미수범도 성립하는 것으로 보여지는 조문(제342조, 제337조)이 있기 때문에 강도미수가 치상의 결과가 생긴 경우 강도치상의 미수가 되는 것이 아닌지 여부에 관하여 긍정설과 부정설이 대립되어 있다. 이 문제에 대하여는 결과적 가중범인 강도치상죄의 미수는 있을 수 없다고 보는 것이 다수설 입장으로 보인다.

판례는 수인이 합동하여 강도를 한 경우에 그 범인 가운데 일부가 그 기회에 피해자에게 상해를 가했을 때에는 나머지 범인도 이를 예기하지 못한 것으로 볼 수 없는 경우에는 강도상해의 죄책을 면할 수 없다(대법원 1990. 2. 13. 선고 89도2426 판결)고 하여, 강도의 공범 중 일부가 공모의 범위를 넘어 상해를 입힌 경우 다른 공범도 상해에 대한 예견가능성이 있으면 강도상해 내지 강도치상의 죄책을 진다고 한다. 그러나 공범 간에 상해에 대한 의사연락이 없으므로 과실이 있는 경우 강도치상죄의 공동정범이나 단독정범의 죄책을 진다고 보는 것이 타당하다.

7. 강도살인·치사죄

강도가 사람을 살해하거나 사망에 이르게 한 경우 성립하는 범죄이다 (제338조). 형법은 강도살인죄와 강도치사죄를 같은 조문에서 취급하고 있으며, 강도살인죄는 강도죄와 살인죄의 결합범이고, 강도치사죄는 강도죄의 결과적 가중범이다.

본죄의 주체는 강도이다. 그 내용은 강도상해·치상죄에서와 같다. 본죄의 행위는 사람을 살인하거나 살인에 이르게 하는 것이다. 살해 또는 사망에 이르게 하는 것은 반드시 강도의 수단인 폭행에 의하여 일어날 것을 요하지 않는다. 살해 또는 치사가 강도의 기회에 발생하는 것으로 충분하다.

강도의 고의 없이 사람을 살해한 후 비로소 재물영득의 고의가 생겨 재물을 영득한 경우 판례는 피해자를 살해한 방에서 사망한 피해자 곁에 4시간 30분쯤 있다가 그곳 피해자의 자취방 벽에 걸려 있던 피해자가 소지하는 물건들을 영득의 의사로 가지고 나온 경우 피해자가 생전에 가진 점유는 사망 후에도 여전히 계속되는 것으로 보아야 한다(대법원 1993. 9. 28. 선고 93도2143 판결)고 하여 살인죄와 절도죄가 성립한다고 본다. 그러나 이 경우 사자의 점유를 인정할 수 없으므로 살인죄와 점유이탈물횡령죄가 성립한다고 보는 것이 타당하다.

8. 강도강간죄

강도강간죄는 강도가 사람을 강간한 때 성립하는 범죄이다(제339조). 본죄는 강도죄와 강간죄의 결합범이고, 본죄의 주체는 강도이다. 강도의 실행에 착수한 이상 기수이든 미수이든 불문하다. 본죄는 강도가 강간할 때 성립하는 것이므로 강간범인이 강도하는 때에는 본죄에 해당하지 않고, 강간죄와 강도죄의 경합범이 될 뿐이다.

본죄의 행위는 사람을 강간하는 것이다. 강간은 강도의 기회에 행하여지면 족하다. 사람이 강도의 피해자와 일치할 것을 요하지 않는다. 강취의 전후도 묻지 않는다. 본죄의 기수와 미수는 강간을 기준으로 결정한다.

강도강간이 미수에 그쳤으나 피해자를 치상한 경우 상해의 결과가 강도로 인한 때에는 본죄와 강도치사상죄의 상상적 경합이 되고, 강간으로 인한 때에는 본죄와 강간치사상죄의 상상적 경합이 된다. 강도가 강간하고 사람을 살해 또는 상해한 때에는 본죄와 강도살인죄 또는 강도상해죄의 상상적 경합이 된다.

9. 해상강도죄 등

다중의 위력으로 해상에서 선박을 강취하거나 선박 내에 침입하여 타인의 재물을 강취한 경우(제340조 제1항), 해상강도죄를 범하여 사람을 상해하거나 상해에 이르게 한 경우(제340조 제2항), 해상강도죄를 범하여 사람을 살해하거나 사망에 이르게 하거나 강간한 경우(제340조 제3항)에 성립하는 범죄로서 해상강도죄, 해상강도상해 · 치상죄, 해상강도살인 · 치사 · 강간죄 등이 있다.

해상강도죄는 육상강도에 비해 위험성이 커 불법이 가중된 범죄유형이다. 본죄의 객체는 해상의 선박 또는 그 선박 내에 있는 재물이다. 해상이란 지상의 경찰권이 미치지 않는 영해와 공해를 포함한다. 하천, 호수에 있는 선박이나 항구에 정박해 있는 선박은 제외한다. 본죄의 행위는 다중의 위력으로 강취하는 것이다. 다중이란 다수인의 집단을 말하고, 인원수에는 제한이 없다. 다만 사람에게 집단적 위력을 보일 수 있는 정도임을 요한다. 위력이란 사람의 의사를 제압할 수 있는 세력을 말한다. 유형적이든 무형적이든 불문한다.

해상강도상해 · 치상죄의 주체는 해상강도이다. 본죄의 기수시기는 해상강도가 사람을 상해하거나 상해에 이르게 한 때이다.

해상강도살인 · 치사 · 강간죄의 주체는 해상강도이며, 본죄의 미수란 살인 또는 강간의 미수를 말한다.

10. 상습강도죄

상습강도죄는 상습으로 단순강도죄, 특수강도죄, 인질강도죄, 해상강도죄를 범하는 것이다(제341조). 상습성으로 인하여 책임이 가중되는 경우이다. 강도상해 · 치상, 강도살인 · 치사 및 강도강간의 죄에 대하여는 상습범의 가중규정이 없다. 상습강도죄와 강도상해죄를 범한 경우 별개의 범죄가 성립한다.

11. 강도예비·음모죄

강도예비·음모(제343조)란 강도의 결심을 한 자가 강도의 실행을 위하여 행한 일체의 준비행위나 2인 이상의 사람 사이에 성립한 범죄 실행의 합의를 말한다. 결의의 존재가 객관적으로 인식할 수 있을 정도에 이를 것을 요한다. 단순히 강도의 계획을 다른 사람에게 말하는 정도로는 예비·음모가 될 수 없다. 판례는 수회에 걸쳐 '총을 훔쳐 전역 후 은행이나 현금수송차량을 털어 한탕 하자'고 말을 나눈 정도만으로는 강도음모에 해당하지 않는다고 보았다(대법원 1999. 11. 12. 선고 99도3801 판결).

제 3 절 사기의 죄

1. 총설

가. 의의

사기죄는 사람을 기망하여 재물의 교부를 받거나 재산상의 이익을 취득하거나 제3자로 하여금 이를 얻게 함으로써 성립하는 범죄이다. 형법은 제39장에서 사기죄와 공갈죄를 함께 규정하고 있는데, 양자 모두 재물과 재산상의 이익을 객체로 하고, 상대방의 하자 있는 의사표시에 의해 재물이나 재산상의 이익을 취득하는 편취죄로서의 성격을 가지고 있다. 다만, 사기죄는 기망을 수단으로 함에 대하여, 공갈죄는 공갈을 수단으로 하자 있는 의사를 야기한다는 점에서 차이가 있다. 사기죄는 재물뿐만 아니라 재산상의 이익도 객체로 하는 점에서 재물죄인 동시에 이득죄이다. 사기죄는 타인이 점유하는 재물을 객체로 하는 점에서 절도죄나 강도죄와 같고 횡령죄와 구별된다. 사기죄는 재물취득의 방법에서 절도죄나 강도죄와 구별된다.

사기죄의 보호법익은 전체로서의 재산권이다. 재물에 대한 소유권을 보호법익으로 하는 절도죄나 횡령죄와 구별된다. 기망에 의한 경우에도 재산권을 침해하지 않은 때에는 사기죄가 성립하지 않고, 개인의 재산권 침해가 아닌 국가적·사회적 법익을 침해한 경우에도 사기죄가 성립하지 않는다. 사기죄에 있어서 피기망자와 재산상의 피해자가 일치하지 않을 때에는 피기망자는 피해자라고 할 수 없다.

보호법익이 보호받는 정도는 침해범으로서 보호이다. 피기망자의 착오에 의한 재산의 처분행위가 있고 이로 인하여 재물을 편취하거나 재산상의 이익을 취득해야 본죄는 기수에 이르기 때문이다.

나. 구성요건체계

사기의 죄의 기본적 구성요건은 사기죄(제347조)이다. 컴퓨터등 사용사기죄(제374조의2)와 준사기죄(제348조) 및 편의시설 부정이용죄(제348조의2)는 사기죄를 보충하기 위한 수정적 구성요건이고, 부당이득죄(제349조)는 엄격한 의미에서는 사기죄와 구별되지만, 타인의 궁박한 상태를 이용하여 부당한 이득을 취득하는 것을 사기죄의 한 태양으로 처벌하는 것이며, 상습사기죄(제351조)는 책임이 가중된 경우이다.

사기죄의 미수범은 처벌하고(제352조), 자격정지를 병과할 수 있으며(제353조), 친족상도례가 적용된다(제354조).

2. 사기죄

사기죄는 사람을 기망하여 재물의 교부를 받거나 재산상의 이익을 취득하거나 제3자로 하여금 재물의 교부를 받게 하거나 재산상의 이익을 취득하게 한 경우에 성립하는 범죄이다(제347조).

가. 객관적 구성요건

A. 행위의 객체

타인이 점유하는 타인 소유의 재물 또는 재산상의 이익이다. 부동산도 재물에 포함된다. 재산상의 이익이란 재물 이외의 전체적으로 재산상태의 증가를 가져오는 일체의 이익을 말하고, 반드시 사법상 보호되는 경제적 이익일 필요가 없다. 이익의 취득이 사법상 무효일지라도 외관상 재산적 이익을 취득했다고 볼 수 있는 사실관계만 있으면 충분하다. 적극적 이익뿐만 아니라 필요비용의 지급을 면하는 소극적 이익, 영구적 이익뿐만 아니라 채무이행을 연기받는 일시적 이익도 포함된다. 피해자에게 민사상 구제수단이 있어도 무방하다.

B. 기망행위

행위자의 기망행위는 피기망자에게 착오를 일으킬 것을 요한다. 기망이란 널리 거래관계에서 지켜야 할 신의칙에 반하는 행위로서 사람으로 하여금 착오를 일으키게 하는 것을 말한다.

기망행위의 대상은 반드시 법률행위의 중요부분에 관한 것임을 요하지 않고, 상대방을 착오에 빠지게 하여 행위자가 희망하는 재산적 처분행위를 하도록 하기 위한 판단의 기초 사실에 관한 것이면 충분하다. 사실이란 구체적으로 증명할 수 있는 과거나 현재의 상태를 말하는데, 사실인 한 내적 사실, 외적 사실, 법률적 효과에 관한 법률적 사실 또는 무효인 법률행위로서 법률상 실현 불가능한 사실, 사실상 전혀 실현 불가능한 사실임을 불문한다. 타인을 착오에 빠지게 하여 재산적 처분행위를 하기에 충분할 정도로 사실주장과 결부된 가치판단에 관한 주장은 기망행위에 해당할 수 있다.

기망행위의 수단·방법에는 제한이 없다. 작위·부작위를 불문하고, 작위의 경우 명시적·묵시적임을 불문하며, 간접정범의 형태로도 가능하다. 명시적 기망행위는 언어나 문서에 의하여 객관적 진실에 반하는 허위의 사실을 주장하는 경우를 말한다. 묵시적 기망행위는 설명가치를 가진 행동 내지 거동을 통하여 은연중에 허위의 외관을 나타내는 것으로, 작위에 의한 기망행위의 한 형태이다. 설명가치를 가지는 행위 또는 거동인지는 사회통념에 따라 결정되어야 한다. 음식점에서 음식을 주문하거나 숙박업소에 숙박하는 행위 또는 택시에 승차하는 행위는 그 대가의 지불의사와 지불능력을 묵시적으로 설명하는 행위에 해당한다. 처음부터 지불의사와 지불능력 없는 무전취식, 무전숙박, 무임승차는 묵시적 기망행위에 해당한다. 그러나 취식 · 숙박 · 승차 후 돈이 없음을 알고 몰래 도망친 경우에는 단순히 채무변제를 피하기 위해 도주한 것에 불과하고, 묵시적 기망행위라고 할 수 없다. 이때에는 부작위에 의한 기망이 되느냐가 문제될 따름이다.

부작위에 의한 기망행위는 상대방이 스스로 착오에 빠져 있는 경우 그 착오를 제거해야 할 보증인적 지위에 있는 자가 고의로 사실을 고지하지 아니하고 그 착오를 이용할 때 성립한다. 부작위에 의한 기망은 ① 행위자와 관계없이 이미 상대방이 스스로 착오에 빠져 있을 것, ② 부작위자에게 상대방의 착오를 제거해야 할 보증인적 지위, 즉 고지의무가 있을 것, ③ 부작위에 의한 기망이 작위에 의한 기망과 그 행위정형이 동가치한 것으로 평가될 수 있을 것을 요건으로 한다. 고지의무는 법령 · 계약 · 선행행위 · 조리 내지 신의성실의 원칙에서 발생할 수 있다.

기망행위의 정도는 사회적 상당성의 범위를 벗어났거나 거래관계에 있어서의 신의칙에 반하는 정도에 이르러야 한다. 기망적인 행위로 상대방이 착오에 빠졌다 할지라도 그로 인하여 거래의 목적을 달성하는 데 지장이 없을 때에는 사기죄가 성립하기 위한 기망행위가 있었다고 하기 어렵다.

착오란 인식과 현실이 일치하지 않는 것을 말한다. 사실에 대한 적극적인 착오인가 소극적 부지인가는 불문한다. 동기의 착오로도 족하다. 기망행위가 있더라도 상대방이 착오에 빠지지 않으면 사기는 미수가 될 뿐이다. 기망행위와 피기망자의 착오 사이에는 인과관계가 있어야 한다. 인과관계가 없으면 미수가 된다. 기망행위가 착오에 대한 유일한 원인이 될 필요는 없으므로, 피해자의 과실로 착오에 빠진 경우에도 기망과 착오 사이에 인과관계가 부정되지 않는다.

피기망자는 사실상의 재산적 처분행위를 할 수 있는 의사능력이 있어야 한다. 그러므로 유아나 심신상실자는 피기망자가 될 수 없다. 피기망자는 반드시 특정되어야 할 필요는 없으므로, 사기광고와 같이 불특정인에 대한 기망도 가능하다. 피기망자는 반드시 피해자와 일치할 것을 요하지 않는다. 피기망자와 피해자가 일치하지 않는 전형적인 예가 바로 소송사기이다.

소송사기란 법원에 허위의 사실을 주장하거나 허위의 증거를 제출함으로써 법원을 기망하여 승소판결을 받는 경우를 말한다. 피기망자는 법원이지만 피해자는 소송의 상대방이다. 원고는 물론 방어적 위치에 있는 피고도 본죄의 주체가 될 수 있고, 제3자도 이들을 이용하여 간접정범의 형태로 본죄를 범할 수 있다. 소송사기가 성립하기 위하여는 허위사실의 주장, 증거조작, 위증교사 등 적극적으로 사술을 사용해야 한다. 법원의 판결이 처분행위가 되기 위해서는 법원의 판결이 피해자의 처분행위에 갈음하는 내용과 효력이 있어야 하므로 행위자는 진정한 권리자를 상대로 소송을 제기하여야 한다. 소송사기의 착수시기는 부실한 청구를 목적으로 법원에 소를 제기한 때 또는 법원을 기망할 의사로 허위내용의 증거 또는 허위주장을 담은 답변서나 준비서면을 제출한 때이다. 소송사기의 기수시기는 승소판결 확정시이다.

C. 처분행위

본죄는 피기망자의 의사에 따른 처분행위에 의하여 재물을 교부받거나 재산상의 이익을 취득하는 점에서 절도죄나 강도죄와 구별된다. 처분행위란 직접 재산상의 손해를 초래하는 작위 또는 부작위를 말한다. 재물의 경우는 그 점유를 이전해주는 교부는 물론 행위자가 재물을 가져가는 것을 자유로운 의사에 의해 수인·묵인하는 것도 처분행위가 될 수 있고, 재산상의 이익의 경우는 계약의 체결, 노무의 제공, 채무면제의 의사표시와 같은 작위는 물론 사실상 이행 가능한 청구권 기타 권리를 행사하지 않는 부작위도 처분행위가 될 수 있다.

사기죄가 기망행위로 인해 형성된 하자 있는 의사에 기한 처분행위로 재물이나 재산상의 이익을 취득하는 범죄인 이상 사기죄의 성립에 처분의사가 있어야 한다. 판례는 사기죄에서 처분행위는 행위자의 기망행위에 의한 피기망자의 착오와 행위자 등의 재물 또는 재산상 이익의 취득이라는 최종적 결과를 중간에서 매개·연결하는 한편, 착오에 빠진 피해자의 행위를 이용하여 재산을 취득하는 것을 본질적 특성으로 하는 사기죄와 피해자의 행위에 의하지 아니하고 행위자가 탈취의 방법으로 재물을 취득하는 절도죄를 구분하는 역할을 한다. 처분행위가 갖는 이러한 역할과 기능을 고려하면, 피기망자의 의사에 기초한 어떤 행위를 통해 행위자 등이 재물 또는 재산상의 이익을 취득하였다고 평가할 수 있는 경우라면 사기죄에서 말하는 처분행위가 인정된다.

사기죄에서 피기망자의 처분의사는 기망행위로 착오에 빠진 상태에서 형성된 하자 있는 의사이므로 불완전하거나 결함이 있을 수밖에 없다. 처분행위의 법적 의미나 경제적 효과 등에 대한 피기망자의 주관적 인식과 실제로 초래되는 결과가 일치하지 않는 것이 오히려 당연하고, 이 점이 사기죄의 본질적 속성이다. 따라서 처분의사는 착오에 빠진 피기망자가 어떤 행위를 한다는 인식이 있으면 충분하고, 그 행위가 가져오는 결과에 대한 인식까지 필요하다고 볼 것은 아니다. 사기죄의 성립요소로서 기망행위는 널리 거래관계에서 지켜야 할 신의칙에 반하는 행위로서 사람으로 하여금 착오를 일으키게 하는 것을 말하고, 착오는 사실과 일치하지 않는 인식을 의미하는 것으로, 사실에 관한 것이든, 법률관계에 관한 것이든, 법률효과에 관한 것이든 상관없다. 또한 사실과 일치하지 않는 하자 있는 피기망자의 인식은 처분행위의 동기, 의도, 목적에 관한 것이든, 처분행위 자체에 관한 것이든 제한이 없다. 따라서 피기망자가 기망당한 결과 자신의 작위 또는 부작위가 갖는 의미를 제대로 인식하지 못하여 그러한 행위가 초래하는 결과를 인식하지 못하였더라도 그와 같은 착오 상태에서 재산상 손해를 초래하는 행위를 하기에 이르렀다면 피기망자의 처분행위와 그에 상응하는 처분의사가 있다고 보아야 한다. 피해자의 처분행위에 처분의사가 필요하다고 보는 근거는 처분행위를 피해자가 인식하고 한 것이라는 점이 인정될 때 처분행위를 피해자가 한 행위라고 볼 수 있기 때문이다. 다시 말하여 사기죄에서 피해자의 처분의사가 갖는 기능은 피해자의 처분행위가 존재한다는 객관적 측면에 상응하여 이를 주관적 측면에서 확인하는 역할을 하는 것일 뿐이다. 따라서 처분행위라고 평가되는 어떤 행위를 피해자가 인식하고 한 것이라면 피해자의 처분의사가 있다고 할 수 있다. 결국 피해자가 처분행위로 인한 결과까지 인식할 필요가 있는 것은 아니다. 결론적으로 사기죄의 본질과 구조, 처분행위와 그 의사적 요소로서 처분의사의 기능과 역할, 기망행위와 착오의 의미 등에 비추어 보면, 비록 피기망자가 처분행위의 의미나 내용을 인식하지 못하였더라도, 피기망자의 작위 또는 부작위가 직접 재산상 손해를 초래하는 재산적 처분행위로 평가되고, 이러한 작위 또는 부작위를 피기망자가 인식하고 한 것이라면 처분행위에 상응하는 처분의사는 인정된다. 다시 말하면 피기망자가 자신의 작위 또는 부작위에 따른 결과까지 인식하여야 처분의사를 인정할 수 있는 것은 아니다 (대법원 2017. 2. 16. 선고 2016도13362 전원합의체 판결).

처분행위자는 피기망자와 동일인이어야 하지만, 처분행위자와 재산상의 피해자가 반드시 동일인이어야 할 필요는 없다. 피기망자와 재산상의 피해자가 일치하지 않는 경우를 삼각사기라 한다. 처분행위자가 사실상 피해자의 재산을 처분할 수 있는 지위에 있으면 충분하다(지위설, 통설, 판례). 피기망자가 재물에 대하여 아무런 보호관계를 가지지 않은 때에는 간접정범에 의한 절도가 되고, 이미 존재하던 재물에 대한 보호관계에 의하여 피해자를 위한 지위에 있는 자가 객관적으로 피해자를 대신하고 주관적으로 피해자를 위하여 처분한 때에 삼각사기가 성립한다.

피기망자의 착오와 처분행위 사이에는 인과관계가 필요하다. 인과관계가 없으면 본죄는 미수에 지나지 않는다. 이 경우 착오가 처분행위의 유일한 원인이 될 것은 요하지 않으며, 피기망자의 과실이 작용하여 처분행위를 한 경우에도 인과관계는 부정되지 않는다.

처분행위로 인하여 직접 재산상의 손해가 발생해야 한다. 이를 처분효과의 직접성이라 한다. 처분행위로 인하여 직접 재산상의 손해가 발생한 때에는 사기가 됨에 반하여 행위자의 별도의 행위에 의하여 재산상의 손해가 발생한 경우는 절도가 된다.

D. 재물의 교부 또는 재산상의 이익 취득

피기망자의 처분행위로 인하여 행위자 또는 제3자가 재물을 교부받거나 재산상의 이익을 취득하여야 한다. 제3자로 하여금 재물의 교부를 받거나 재산상의 이익을 취득하는 경우 그 제3자가 범인과 사이에 정을 모르는 도구 또는 범인의 이익을 위해 행동하는 대리인의 관계에 있거나, 적어도 불법영득의사와의 관계상 범인에게 그 제3자로 하여금 재물을 취득하게 할 의사가 있어야 한다.

E. 재산상 손해의 발생

사기죄의 성립에 피해자에게 재산상 손해가 발생하여야 하는가에 관하여 피해자에게 손해가 발생해야 한다는 긍정설, 피해자의 재산상의 손해가 필요하지 않다는 부정설, 재물편취의 경우는 재물의 교부 자체가 재산상의 손해로 평가되므로 다른 재산상의 손해가 필요 없지만, 이익편취의 경우는 손해가 발생해야 한다는 이분설이 대립한다. 사기죄는 재산권을 보호법익으로 하는 침해범이고, 상당한 대가를 지급한 경우에도 사기죄가 성립한다고 보는 것은 사기죄의 재산범죄성을 부정하고 처분의 자유를 보호하는 죄로 변질시켜 사기죄의 성립범위를 확대시킨다는 점을 고려하면 긍정설이 타당하다.

판례는 사기죄는 타인을 기망하여 그로 인한 하자 있는 의사에 기하여 재물의 교부를 받거나 재산상의 이득을 취득함으로써 성립되는 범죄로서 그 본질은 기망행위에 의한 재산이나 재산상 이익의 취득에 있는 것이고 상대방에게 현실적으로 재산상 손해가 발생함을 요건으로 하지 아니한다고 하여 부정설을 취하고 있다(대법원 1999. 7. 9. 선고 99도1040 판결 등).

재산상의 손해란 재산가치의 감소를 의미한다. 여기서 재산은 경제적 가치의 총체라고 할 수 있다. 재산상의 손해에는 현실적으로 발생한 손해뿐만 아니라 손해발생과 동등하다고 평가될 수 있는 손해발생의 구체적 위험도 포함된다. 재산상의 손해는 전체계산의 원칙에 따라 결정된다. 처분 전후의 피해자의 재산상태를 비교하여 그것이 감소된 때에 재산상의 손해가 있는 것이다. 이 경우 처분행위로 인하여 손해와 직접 결부된 이익을 얻었다면 그 얻은 직접적 이익은 손해에서 공제되어야 한다. 그러나 재산상의 손해를 요하지 않는 판례는 대가를 지불하더라도 그 차감액이 아니라 편취한 재물이나 재산상의 이익의 전부를 편취액으로 삼는다. 행위자가 취득한 재물 또는 재산상의 이익은 피해자의 재산상의 손해와 동일한 자료로부터 발생해야 한다. 이를 손해와 이익의 자료동일성 또는 동전의 양면성이라 한다.

나. 주관적 구성요건

A. 고의
행위자는 기망행위, 피기망자의 착오, 처분행위, 손해의 발생과 그 사이의 인과관계를 인식해야 한다. 미필적 고의로도 충분하다.

B. 불법영득의사
주관적 구성요건으로 고의 이외에 재물사기죄에서는 불법영득의사, 이익사기죄에서는 불법이득의사를 요한다. 불법이득의사에 있어서 불법은 정당한 권리를 가진 자가 권리행사의 수단으로 기망을 사용하여 재물 또는 재산상의 이익을 취득한 때에는 인정되지 아니하므로 이득이 불법하여야 한다(이득의 불법설, 다수설).

판례는 피고인의 소위가 피해자에 의한 채권을 변제받기 위한 방편이었다 하더라도 이 사건에서와 같이 피해자에게 환전하여 주겠다고 기망하여 약속어음을 교부받는 행위는 위법성을 조각할 만한 정당한 권리행사방법이라고 볼 수 없다(대법원 1982. 9. 14. 선고 82도1679 판결)고 하여 사취의 불법설을 취하고 있다.

다. 관련문제

A. 실행의 착수시기와 기수시기

본죄의 착수시기는 편취의 의사로 기망행위를 개시한 때이다. 단순히 기망을 위한 수단을 준비하는 정도로는 아직 실행의 착수가 있다고 볼 수 없다.

본죄의 기수시기는 재산상의 손해가 발생한 때이다. 편취한 재물을 반환하는 것은 범죄의 성립에 영향을 미치지 않는다. 본죄에 의하여 취득한 재물을 처분하는 것은 새로운 법익의 침해가 없으면 불가벌적 사후행위로서 별죄가 성립하지 않는다. 그러나 절취한 예금통장으로 은행원을 기망하여 예금을 인출한 때에는 절도죄 이외에 사문서위조죄·동행사죄 및 사기죄가 성립한다.

B. 불법원인급여와 사기죄

사람을 기망하여 반환청구권이 없는 불법한 급여를 하게 한 경우 민법상의 반환청구권의 존재가 사기죄의 요건이 아니고 이 경우에도 행위자의 기망행위에 의하여 피해자의 경제적 가치에 손해를 입힌 것은 부정할 수 없으므로 사기죄가 성립한다(긍정설, 다수설).

판례도 민법 제746조의 불법원인급여에 해당하여 급여자가 수익자에 대한 반환청구권을 행사할 수 없다고 하더라도, 수익자가 기망을 통하여 급여자로 하여금 불법원인급여에 해당하는 재물을 제공하도록 하였다면 사기죄가 성립한다(대법원 2006. 11. 23. 선고 2006도6795 판결)고 하여 긍정설을 취하고 있다.

C. 친족상도례

사기죄에도 친족상도례가 준용된다. 행위자와 피해자 사이에 친족관계가 존재해야 한다. 피기망자와 재산상의 피해자가 일치하지 않는 삼각사기의 경우 피기망자는 피해자가 아니므로 행위자와 피기망자 사이에는 친족관계가 없어도 친족상도례가 적용될 수 있다.

D. 죄수 및 타죄와의 관계

수개의 기망행위로 동일인으로부터 수차례 재물을 편취한 경우 범의 및 범행방법이 동일하다면 사기죄의 포괄일죄에 해당하지만, 범의의 단일성과 계속성이 인정되지 아니하거나 범행방법이 동일하지 않을 경우 수개의 사기죄의 실체적 경합이 된다. 수개의 기망행위로 수인의 피해자에게서 각각 재물을 편취한 경우 그 범의와 범행방법의 동일성이 인정된다 하더라도 피해자별로 수개의 사기죄의 실체적 경합이 된다.

공무원이 직무에 관하여 타인을 기망하여 재물을 교부받은 경우 사기죄와 수뢰죄의 상상적 경합이 된다. 자기가 점유하는 타인의 재물을 기망에 의하여 영득한 경우 기망행위는 영득행위의 수단으로 행해진 데 불과하고, 이 경우의 재물은 사기죄의 객체인 타인이 점유하는 타인의 재물에 해당하지 않을 뿐 아니라 소유자의 처분행위도 인정되지 않으므로 횡령죄만 성립한다. 사기도박의 경우는 도박당사자의 일방이 사기의 수단으로써 승패의 수를 지배하므로 우연성이 결여되어 사기죄만 성립하고 도박죄는 성립하지 아니한다. 타인의 사무를 처리하는 자가 본인에 대하여 기망행위를 하여 재산상의 이득을 취득한 경우 사기죄와 업무상배임죄의 상상적 경합이 된다.

3. 컴퓨터등 사용사기죄

가. 의의

컴퓨터등 사용사기죄는 컴퓨터 등 정보처리장치에 허위의 정보 또는 부정한 명령을 입력하거나 권한 없이 정보를 입력·변경하여 정보처리를 하게 함으로써 재산상의 이익을 취득하거나 제3자로 하여금 취득하게 한 경우에 성립하는 범죄이다(제347조의2).

유추해석금지의 원칙상 컴퓨터등 정보처리장치 조작에 의하여 불법한 이익을 얻는 행위를 사기죄의 기망행위에 포함시킬 수 없어 발생하는 처벌의 흠결을 메우기 위하여 마련된 규정이다.

나. 구성요건

본죄의 행위주체에는 제한이 없고, 행위 객체는 재산상의 이익으로 순수 이익죄이다. 재물은 특수한 형태의 재산상의 이익이기 때문에 재물은 당연히 재산상의 이익에 포함된다(적극설, 다수설). 판례는 우리 형법은 재산범죄의 객체가 재물인지 재산상의 이익인지에 따라 이를 재물죄와 이득죄로 명시하여 규정하고 있는데, 형법 제347조가 일반 사기죄를 재물죄 겸 이득죄로 규정한 것과 달리 형법 제347조의2는 컴퓨터등 사용사기죄의 객체를 재물이 아닌 재산상의 이익으로만 한정하여 규정하고 있으므로, 절취한 타인의 신용카드로 현금자동지급기에서 현금을 인출하는 행위가 재물에 관한 범죄임이 분명한 이상 이를 위 컴퓨터등 사용사기죄로 처벌할 수는 없다(대법원 2003. 5. 13. 선고 2003도1178 판결)고 하여 소극설을 취하고 있다.

본죄의 행위는 컴퓨터등 정보처리장치에 허위의 정보 또는 부정한 명령을 입력하거나 권한 없이 정보를 입력·변경하여 정보처리를 하게 함으로써 재산상의 이익을 취득하거나 제3자로 하여금 취득하게 하는 것이다.

컴퓨터란 자동으로 계산이나 데이터의 처리를 할 수 있는 전자장치로서 재산적 이익의 득실·변경에 관련된 사무처리에 사용되는 것만을 말한다. 허위의 정보 입력이란 사실관계와 일치하지 않는 정보를 입력하는 것을 말한다. 명령이란 컴퓨터를 작동시키는 프로그램을 말한다. 부정한 명령의 입력이란 당해 사무처리 시스템이 예정하고 있는 사무처리 목적에 비추어 부적절한 명령을 입력하는 것, 즉 프로그램의 전부 또는 일부를 부정하게 변경·삭제·추가하거나 프로그램을 조작하는 것을 말한다. 권한 없는 정보의 입력·변경이란 정보를 권한 없이 임의로 입력하거나 변경하는 행위, 즉 진실한 정보의 권한 없는 사용을 말한다. 정보처리를 하게 한다는 것은 입력된 허위정보나 부정한 명령에 따라 진실에 반하거나 정당하지 않은 사무처리를 하게 하는 것을 말한다. 정보처리를 통하여 행위자가 재산상의 이익을 취득하거나 제3자에게 취득하게 하여야 한다. 피해자에게 재산상의 손해가 발생하여야 한다. 손해의 발생은 본죄의 기술되지 않은 구성요건요소이다. 이익과 손해 사이의 자료동일성의 요구는 사기죄의 경우와 동일하다.

다. 죄수 및 타죄와의 관계

여러 번에 걸쳐 컴퓨터 등 정보처리장치에 허위의 정보를 입력하여 재산상의 이익을 취득한 때에는 본죄의 포괄적 일죄가 된다. 본죄의 범행으로 예금채권을 취득한 다음 자기의 현금카드를 사용하여 현금자동지급기에서 현금을 인출한 사안에서 판례는 현금카드 사용권한 있는 자의 정당한 사용에 의한 것으로서 현금자동지급기 관리자의 의사에 반하거나 기망행위 및 그에 따른 처분행위도 없었으므로, 별도로 절도죄나 사기죄의 구성요건에 해당하지 않는다(대법원 2004. 4. 16. 선고 2004도353 판결).

4. 준사기죄

준사기죄는 미성년자의 지려천박 또는 사람의 심신장애를 이용하여 재물의 교부를 받거나 재산상의 이익을 취득하거나 제3자로 하여금 재물의 교부를 받게 하거나 재산상의 이익을 취득하게 한 경우에 성립하는 범죄이다(제348조). 미성년자의 지려천박 또는 심신장애의 상태를 이용하여 재물을 교부받거나 재산상의 이익을 얻는 것은 기망을 수단으로 하지 않는 경우에도 기망행위를 한 사기죄와 유사한 성질을 가지므로 사기죄에 준하여 취급하고 있다.

본죄는 사기죄에 대한 보충적 구성요건이므로 본죄의 상대방에게 적극적인 기망행위를 사용하였다면 사기죄만 성립한다. 본죄는 사기죄와 독립된 범죄유형이다.

본죄의 행위의 객체는 재물 또는 재산상 이익이고, 그 개념은 사기죄에서와 같다. 본죄의 행위는 미성년자의 지려천박 또는 심신장애자를 이용하여 재물을 교부받거나 재산상의 이익을 취득하는 것이다. 미성년자는 19세 미만의 자를 말하고, 모든 미성년자가 아닌 지려천박한 미성년자만을 말한다. 심신장애란 책임능력에서 말하는 심신장애와는 같은 개념이 아니고, 재산상의 거래능력에 관하여 정상적인 판단능력을 결하고 있는 상태를 말한다. 의사능력이 전혀 없는 자에 대해서는 본죄가 아니라 절도죄가 성립한다. 재물이나 재산상의 이익의 취득은 지려천박한 미성년자 또는 심신장애의 상태에 있는 자의 처분행위에 의한 것이라야 하므로 피해자의 심신장애의 상태를 이용하여 그의 재물을 탈취한 경우에는 절도죄가 성립한다.

5. 편의시설부정이용죄

편의시설부정이용죄는 부정한 방법으로 대가를 지급하지 아니하고 자동판매기, 공중전화 기타 유료자동설비를 이용하여 재물 또는 재산상의 이익을 취득한 경우에 성립하는 범죄이다(제348조의2).

대가를 지급하지 않고 공중전화를 걸어 재산상의 이익을 취득한 경우에는 사람을 기망하는 행위가 없기 때문에 사기죄로 처벌할 수 없고, 재물죄인 절도죄나 횡령죄로 처벌할 수도 없어 발생하는 처벌의 흠결을 메우기 위하여 마련된 규정이다.

공중전화 등 자동설비에 의하여 편익이나 재산상의 이익을 취득한 경우는 사기죄의 보충적 구성요건이고, 자동판매기를 이용한 재물취득의 경우는 절도죄의 특별규정이다. 본죄의 객체는 재물과 재산상 이익이다. 본죄의 행위는 부정한 방법으로 대가를 지급하지 않고 유료자동설비를 이용하여 재물 또는 재산상의 이익을 취득하는 것이다. 유료자동설비란 대가지불을 조건으로 기계 또는 전자장치의 작동에 의하여 일정한 물건 또는 편익을 제공하는 일체의 자동설비를 말한다. 부정한 방법으로 대가를 지급하지 않는다는 것은 정해진 대가를 지급하지 않거나 정해진 대가보다 적게 지급하고 유료자동설비를 작동케 하는 것을 말한다. 유료자동설비를 손괴하고 그 안에 있는 물건을 집어가는 행위는 부정한 방법에 해당하지 않는다.

6. 부당이득죄

부당이득죄는 사람의 궁박한 상태를 이용하여 현저하게 부당한 이익을 취득하거나 제3자로 하여금 부당한 이익을 취득하게 한 경우에 성립하는 범죄이다(제349조). 본죄는 사회적 약자인 상대방의 궁박 상태를 이용한다는 점에서 사기죄와 유사한 죄질로 볼 수도 있어 형법은 사기의 죄의 한 형태로 규정하고 있다.

본죄의 행위는 사람의 궁박한 상태를 이용하여 현저하게 부당한 이익을 취득하거나 제3자로 하여금 취득하게 하는 것이다. 궁박이란 급박한 곤궁을 의미하고, 궁박 여부는 거래 당사자의 신분과 상호관계, 피해자가 처한 상황의 절박성 등 제반 상황을 종합하여 판단해야 한다. 궁박한 상태는 파산·부도 등 경제적 곤궁상태는 물론 생명·신체·건강, 명예·신용 등에 대한 육체적, 정신적 곤궁상태도 포함하며, 궁박상태에 이르게 된 원인도 불문한다. 이익이란 전체로서의 재산상태의 증가를 말하고, 부당이란 행위자의 급부와 피해자의 반대급부 사이에 상당성이 없는 것을 말한다. 부당한 이익의 현저성은 행위당시의 구체적 사정을 고려하여 객관적으로 판단해야 한다.

7. 상습사기죄

본죄는 상습으로 사기죄, 컴퓨터등 사용사기죄, 준사기죄, 편의시설부정이용죄, 부당이득죄를 범하는 것이다(제351조). 상습이란 위와 같은 행위를 반복해서 하는 행위자의 습벽을 말하고 이러한 습벽이 발현해서 위와 같은 행위를 하여야 본죄가 성립한다.

본죄는 포괄일죄이므로 수회의 범행을 한 경우 그 중 일부의 범행에 대해 공소가 제기되어도 공소제기의 효력은 전체범행에 미치고 확정판결의 기판력도 전부에 미친다.

제 4 절 공갈의 죄

1. 총설

가. 의의

공갈죄는 사람을 공갈하여 재물의 교부를 받거나 재산상의 이익을 취득하거나 타인을 하여금 이를 얻게 함으로써 성립하는 범죄이다. 공갈죄는 상대방의 하자 있는 의사에 의한 처분행위에 의하여 재물 또는 재산상의 이익을 취득하는 점에서 사기죄와 본질을 같이하며, 다만 그 수단에서 차이가 있을 뿐이다.

공갈죄의 보호법익은 재산권 일반이다. 부차적으로 피공갈자의 의사의 자유도 보호법익이다. 삼각공갈의 경우 피공갈자와 재산상의 피해자 모두 공갈죄의 피해자가 된다. 보호법익이 보호받는 정도는 침해범으로서의 보호이다.

나. 구성요건체계

공갈의 죄의 기본적 구성요건은 공갈죄(제350조)이다. 특수공갈죄(제350조의2)는 행위방법의 위험성 때문에 불법이 가중된 구성요건이고, 상습공갈죄(제351조)는 상습성으로 인하여 책임이 가중된 구성요건이다.

2. 공갈죄

공갈죄는 사람을 공갈하여 재물의 교부를 받거나 재산상의 이익을 취득하거나, 제3자로 하여금 재물의 교부를 받게 하거나 재산상의 이익을 취득하게 한 경우에 성립하는 범죄이다(제350조). 본죄의 객체는 타인이 점유하는 타인의 재물 또는 재산상의 이익이다. 재물과 재산상 이익의 개념은 사기죄 기타 재산범죄에서와 같다.

본죄의 행위는 공갈이다. 공갈이란 재물을 교부받거나 재산상의 이익을 취득하기 위하여 폭행 또는 협박을 외포심을 일으키게 하는 것을 말한다. 폭행이란 사람에 대한 직·간접적인 유형력의 행사를 말한다. 협박이란 해악을 고지하여 상대방에게 외포심을 일으키는 것을 말한다. 고지된 해악의 일부가 허위인 때에도 그것이 상대방을 외포시킴에 족할 정도라면 협박이 될 수 있다. 폭행·협박은 객관적으로 사람의 의사결정의 자유를 제한하거나 의사실행의 자유를 방해할 정도이면 충분하다.

피공갈자는 재산상의 피해자에 한하지 않으며, 피공갈자와 재산상의 피해자가 다른 때에는 피공갈자는 피해자의 재산을 처분할 수 있는 사실상 또는 법률상의 권한을 갖거나 그러한 지위에 있어야 한다.

공갈행위, 피공갈자의 외포상태, 피공갈자의 처분행위 사이에는 인과관계가 있어야 한다. 피공갈자가 자의로 재물을 제공한 경우뿐만 아니라 공갈로 인하여 피공갈자가 외포심을 일으켜 묵인하고 있는 사이에 공갈자가 직접 재물을 탈취한 때에도 공갈죄는 성립한다.

공갈죄도 친족상도례가 준용된다. 다만 삼각공갈의 경우 공갈자와 재산상의 피해자뿐만 아니라 공갈자와 피공갈자 사이에도 친족관계가 있어야 한다.

3. 특수공갈죄

특수공갈죄는 단체 또는 다중의 위력을 보이거나 위험한 물건을 휴대하여 공갈죄를 범한 경우에 성립하는 범죄이다(제350조의2). 본죄는 행위의 위험성이 큼으로 인해 불법이 가중된 범죄유형이다. 단체, 다중의 위력을 보이는 것과 위험한 물건의 휴대의 의미는 특수폭행죄, 공갈은 공갈죄의 경우와 같다.

4. 상습공갈죄

상습으로 공갈죄와 특수공갈죄를 범한 경우 성립하는 범죄이다(제351조). 본죄는 공갈의 습벽으로 인해 책임이 가중되는 범죄유형이다.

제 5 절   횡령의 죄

1. 횡령죄

가. 의의

횡령죄란 위탁관계에 의하여 보관하게 된 타인의 재물을 횡령하거나 반환을 거부함으로써 성립하는 범죄이다(제355조 제1항). 배임죄(제355조 제2항)와 횡령죄는 타인의 신뢰를 배반한다는 점에서 같은 성질을 가지는데, 횡령죄는 재물, 배임죄는 재산상 이익을 대상으로 하는 점에서 차이가 있다.

나. 객관적 구성요건

A. 주체

횡령죄의 주체는, 위탁관계에 의하여 타인의 재물을 보관하는 사람이다. 보관자라는 신분이 있어야 횡령죄가 성립하게 되므로, 진정신분범이다. 재물을 사실상·법률상 지배·관리하는 것을 보관이라고 하는데, 민법상 점유권이 없는 점유보조자(민법 제195조)나 간접점유자(민법 제194조)의 경우에도 보관자에 해당할 수 있다. 판례는 주인이 점원에게 오토바이를 타고 심부름을 다녀오라고 하였는데 그 점원이 그대로 도주한 경우에 횡령죄를 인정하였고(대법원 1986. 8. 19. 선고 86도1093 판결), 지게꾼에게 물건을 운반하도록 한 경우에도 보관자를 인정한 바 있다(대법원 1982. 12. 23. 선고 82도2394 판결). 부동산의 경우에는 그 부동산을 점유하고 있는가 하는 점을 기준으로 하는 것이 아니라 그 부동산을 유효하게 처분할 수 있는 권능이 기준이 되는데, 판례는 부동산의 공유자 중 1인이 다른 공유자의 지분을 임의로 처분하거나 임대하여도 그에게는 그 처분권능이 없어 횡령죄가 성립하지 아니한다고 하였고(대법원 2004. 5. 27. 선고 2003도6988 판결), 원인무효인 소유권이전등기 명의자는 횡령죄의 주체인 타인의 재물을 보관하는 자에 해당하지 않는다고 하였다(대법원 2007. 5. 31. 선고 2007도1082 판결). 소유권 취득시 등록이 필요한 자동차의 경우 판례는 종래 위와 같이 부동산에 관한 보관자처럼 판단하다가, 차량의 등록명의자가 아니라도 차량 등록자인 소유자로부터 인도받아 이를 보관하고 있는 경우 차량의 보관자로 보았다(대법원 2015. 6. 25. 선고 2015도1944 전원합의체 판결). 한편 타인의 돈을 위탁받아 은행에 예금한 경우에는 법률상 지배가 인정되어 위탁관계에 의한 보관자에 해당한다. 따라서 타인의 금전을 위탁받아 보관하는 자가 보관방법으로 금융기관에 자신의 명의로 예치한 경우 수탁자가 이를 함부로 인출하여 소비하거나 반환을 거부하는 경우에는 횡령죄에 해당한다(대법원 2015. 2. 12. 선고 2014도11244 판결).

횡령죄의 주체인 보관자는 위탁관계에 의한 보관일 것을 요한다. 따라서 위탁관계 없이 보관자가 재물을 영득하더라도 횡령죄는 성립하지 않고 점유이탈물횡령죄가 성립할 뿐이다. 이러한 위탁관계는 계약 뿐 아니라 사무관리, 관습, 조리, 신의칙에 의해서도 성립하는데(대법원 2013. 12. 12. 선고 2012도16315 판결), 그 위탁관계는 사실상 위탁관계이면 족하기 때문에 위탁할 권한이 있는지, 수탁할 권한이 있는지 여부는 불문한다(대법원 2005. 6. 24. 선고 2005도2413 판결). 이러한 위탁관계가 필요한 것은 자명한데, 판례는 자신의 명의 계좌에 착오로 송금된 돈을 다른 계좌로 이체하는 등 임의로 사용한 경우 횡령죄가 성립한다고 하면서, 예금주와 송금인 사이에 신의칙상 보관관계가 성립한다고 하여(대법원 2010. 12. 9. 선고 2010도891 판결 등) 소유자의 위탁행위에 기인한 것임을 필요로 하지 않는다는 입장인데, 이러한 경우 점유이탈물횡령죄가 성립한다는 견해도 있다.

불법원인급여(민법 제746조)는 불법의 원인으로 재산을 급여한 경우 그 반환을 청구하지 못하는 제도인데, 급여자가 민법상 반환청구를 할 수 없고 소유권이 수탁자에 귀속되므로 횡령죄가 성립하지 않는다는 견해, 위탁물에 대한 소유권은 여전히 위탁자에 있으므로 횡령죄가 성립한다는 견해, 소유권이전의사가 있는 경우에는 횡령죄가 성립하지 않고 소유권이전의사가 없는 경우에는 횡령죄가 성립하지 않거나 횡령죄의 불능미수가 된다는 견해 등이 있다. 판례는 상대방에게 부당이득반환청구를 할 수 없고, 소유권에 기한 반환청구도 할 수 없어서 결국 급여한 물건의 소유권은 급여를 받은 상대방에게 귀속된다는 것이므로 조합장이 조합으로부터 공무원에게 뇌물로 전달하여 달라고 금원을 교부받은 것은 불법원인으로 인하여 지급받은 것으로서 이를 뇌물로 전달하지 않고 타에 소비하였다고 해서 타인의 물을 보관 중 횡령하였다고 볼 수는 없다고 하고 있으며(대법원 1988. 9. 20. 선고 86도628 판결 등), 다만 포주가 윤락녀와 사이에 윤락녀가 받은 화대를 포주가 보관하였다가 절반씩 분배하기로 약정하고도 보관중인 화대를 임의로 소비한 경우, 포주의 불법성이 윤락녀의 불법성보다 현저히 크므로 화대의 소유권이 여전히 윤락녀에게 속한다는 이유로 횡령죄를 구성한다고 하였다(대법원 1999. 9. 17. 선고 98도2036 판결).

B. 객체

횡령죄의 객체는 자기가 보관하는 타인의 재물이다. 횡령죄는 재산상 이익이 아닌 재물을 그 대상으로 하므로 수탁자가 위탁자의 신뢰를 깨고 재산상 이익을 취득하는 경우에는 횡령죄가 성립하는 것이 아니라 배임죄가 될 뿐이다. 절도죄와 달리 부동산도 횡령죄의 재물에 포함된다(대법원 1994. 3. 8. 선고 93도2272 판결).

횡령죄의 객체가 되기 위해서는 타인 소유일 것을 요하는데 공동소유의 경우에도 타인의 소유에 포함된다. 판례도 공유물의 매각대금도 정산하기까지는 각 공유자의 공유에 귀속한다고 할 것이므로 공유자 1인이 그 매각대금을 임의로 소비하였다면 횡령죄가 성립된다는 입장이다(대법원 1983. 8. 23. 선고 80도1161 판결). 다만 부동산 입찰절차에서 수인이 대금을 분담하되 그 중 1인 명의로 낙찰받기로 약정하여 그에 따라 낙찰이 이루어진 경우, 그 입찰절차에서 낙찰인의 지위에 서게 되는 사람은 어디까지나 그 명의인이므로 입찰목적부동산의 소유권은 경락대금을 실질적으로 부담한 자가 누구인가와 상관없이 그 명의인이 취득한다 할 것이므로 그 부동산은 횡령죄의 객체인 타인의 재물이라고 볼 수 없어 명의인이 이를 임의로 처분하더라도 횡령죄를 구성하지 않는다(대법원 2000. 9. 8. 선고 2000도258 판결)고 하여 위에서 본 공유물과 다르게 처리하고 있다.

소유권 귀속문제는 민법에 의하여 정해지게 되는데, 형법상 특수한 부분도 존재한다. 금전이 위탁된 경우 그 금전을 특정물로 위탁하였다면 위탁자에게 소유권이 귀속되므로, 이 경우 횡령죄의 객체에 해당한다. 금전이 불특정물로 위탁된 경우에도 용도나 목적이 지정된 것이라면 그 용도에 따라 사용될 때까지 위탁자에게 소유권이 유보된 것으로 보아 횡령죄의 객체가 된다고 볼 것이다(대법원 1995. 10. 12. 선고 94도2076 판결 등). 용도나 목적이 지정되지 않은 채 불특정물로 위탁된 경우에는 그 금전의 소유권이 수탁자에게 귀속되므로 횡령죄의 객체에 포함되지 않는다. 다만 금전의 수수를 수반하는 사무처리를 위임받은 경우 그 사무처리에 수반하여 위임자를 위하여 제3자로부터 받은 금전을 임의로 소비하는 때에는 그 금전은 사무처리에 수반하여 수령하였지만 그 금전의 소유권은 수임자에게 귀속되는 것으로 처리하고 횡령죄의 객체에 포함되지 않는다고 볼 여지가 있으나, 판례는 용도나 목적이 정해진 금전의 위탁과 마찬가지로 그 소유권이 위임자에게 유보되어 있다고 보아 횡령죄의 객체가 된다는 입장이다(대법원 1995. 11. 24. 선고 95도1923 판결 등).

양도담보란 채무자 또는 제3자가 목적물의 소유권을 채권자에게 이전하고 채무자가 채무를 변제하지 않으면 그 목적물의 소유권을 확정적으로 취득하거나 그 목적물로부터 우선변제를 받고, 채무를 변제하면 그 목적물을 반환받는 형태의 담보를 말한다. 그 중에서 매도담보는 매매의 형식을 이용하고 양도담보는 소비대차의 형식을 취하는 것인데, 부동산에 대하여는 가등기담보 등에 관한 법률이 적용되고, 동산에 관하여는 동산·채권 등의 담보에 관한 법률이 적용된다. 판례는 동산 양도담보의 경우 채무자는 목적물을 계속 점유하고 목적물을 사용하면서 소유권 역시 채무자가 보유하고 있으므로, 변제기 전 채무자가 그 목적물을 처분하더라도 그 목적물은 여전히 채무자의 소유로서 횡령죄가 성립하지 않고 타인의 사무를 처리하는 자로서 배임죄의 책임을 부담하며(대법원 2010. 11. 25. 선고 2010도11293 판결), 다만 그 동산을 다른 사유에 의하여 보관하게 된 채권자는 타인 소유의 물건을 보관하는 자로서 횡령죄의 주체가 될 수 있다(대법원 1989. 4. 11. 선고 88도906 판결)고 하고 있다. 동산 매도담보의 경우 오래된 판례는 변제기 전 채무자가 이를 임의로 처분하면 횡령죄가 된다고 하는데(대법원 1962. 2. 8. 선고 4294형상470 판결) 양도담보에서와 다르게 판단하고 있다. 부동산 양도담보의 경우 판례는 동산 양도담보와 마찬가지로 채무자가 변제기 전 처분하면 배임죄가 성립한다고 한다(대법원 1992. 7. 14. 선고

92도753 판결). 다만 변제기 이후 채권자가 담보물을 처분하는 경우 담보권 실행을 위하여 처분하였다면 불법영득의사가 없어 횡령이나 배임죄가 성립하지 않는다. 특히 부당하게 염가처분하거나 청산금의 잔액을 채무자에게 반환하지 않더라도 담보권 실행은 채권자의 자기사무이므로 배임죄가 성립하지 않는다(대법원 1985. 11. 26. 선고 85도1493 전원합의체 판결; 대법원 1997. 12. 23. 선고 97도2430 판결).

할부판매를 하면서 대금 완납시까지 소유권이 매도인에게 유보된 약정을 하는 경우, 매수인이 대금 완납 전 임의처분하면 횡령죄가 성립하며 (대법원 2007. 6. 1. 선고 2006도8400 판결), 다만 그러한 약정이 없다면 목적물의 인도와 함께 소유권도 매수인에게 이전되므로 이 경우에는 매수인에게 횡령죄가 성립하지 않는다. 부동산, 자동차, 중기, 건설기계 등 등기나 등록이 필요한 경우에도 같은 취지에서 매수인에게 횡령죄가 성립하지 않는다(대법원 2010. 2. 25. 선고 2009도5064 판결).

채권이 양도되고 양도인이 채무자에게 그 양도사실을 통지하는 등으로 채무자가 채권양도 사실을 알게 되면 채무자가 그 채권의 양수인에게 변제를 하면 되는데, 판례는 양도인이 채권양도 통지를 하기 전에 채무자로부터 채권을 추심하여 금전을 수령한 경우 양도인에게 횡령죄가 성립한다고 한다(대법원 1999. 4. 15. 선고 97도666 전원합의체 판결). 한편 채권양도 후 양도통지까지 완료한 다음 양도인이 채무자로부터 변제를 받더라도 채권양도는 유효하고 양수인의 채권이 소멸되는 것은 아니므로 양도인이 양수인의 사무를 처리하는 자에 해당하지 않고 배임죄가 성립하지 않는다는 것이 판례의 입장이다(대법원 1984. 11. 13. 선고 84도698 판결).

명의신탁이란 신탁자와 수탁자 사이에 약정을 하여 대내적으로는 신탁자가 소유권을 보유하고 대외적으로 수탁자가 등기 명의인이 되도록 하는 것으로, 우리나라에서는 오랫동안 사실상 인정되어 왔고 부동산 실권리자명의 등기에 관한 법률이 제정되면서 그 내용이 상당부분 정비되었다. 위 법에 의하면 종중, 배우자, 종교단체 등이 조세포탈, 강제집행 면탈 등의 목적이 아닌 경우에는 예외적으로 명의신탁을 유효하게 인정하나, 그렇지 않은 경우 명의신탁 약정 및 그에 따른 물권변동도 무효로 선언하고 있다(부동산 실권리자명의 등기에 관한 법률 제4조). 따라서 유효한 명의신탁(종중, 부부, 종교단체 등)의 경우에는 종래의 법리에 따라 명의수탁자가 임의로 부동산을 처분하면 횡령죄가 성립한다(대법원 1987. 2. 10. 선고 86도1607 판결 등). 위 법에 따른 유효한 명의신탁으로 인정되지 않으면 명의신탁 약정 및 그에 따른 물권변동도 무효가 되므로 이러한 경우 횡령죄의 주체나 객체 측면에서 난점이 발생한다. 판례는 다음과 같은 입장을 보이고 있다. 2자간 명의신탁의 경우 명의수탁자가 부동산을 임의로 처분하면 횡령죄가 성립한다고 한다(대법원 2000. 2. 22. 선고 99도5227 판결). 3자간 명의신탁 중 중간생략등기형 명의신탁은 매도인으로부터 부동산을 매수한 매수인이 그 등기 명의를 신탁하여 타인에게 등기명의를 경료하는 경우로서 매매계약의 당사자는 매도인과 매수인이지만 등기는 매도인으로부터 매수인이 지정한 명의수탁자 앞으로 이전되는 형태를 말한다. 이러한 경우 판례는 다음과 같은 법리를 설시하고 있다. 부동산 실권리자명의 등기에 관한 법률 제4조 제2항 본문에 의하여 명의수탁자 명의의 소유권이전등기는 무효이고, 신탁부동산의 소유권은 매도인이 그대로 보유하게 되고, 명의신탁자로서는 매도인에 대한 소유권이전등기청구권을 가질 뿐 신탁부동산의 소유권을 가지지 아니하고, 명의수탁자 역시 명의신탁자에 대하여 직접 신탁부동산의 소유권을 이전할 의무를 부담하지는 아니하므로, 신탁부동산의 소유자도 아닌 명의신탁자에 대한 관계에서 명의수탁자가 횡령죄에서 말하는 타인의 재물을 보관하는 자의 지위에 있다고 볼 수는 없어 명의수탁자가 신탁받은 부동산을 임의로 처분하여도 명의신탁자에 대한 관계에서 횡령죄가 성립하지 아니한다는 입장을 보이고 있다(대법원 2016. 5. 19. 선고 2014도6992 전원합의체 판결). 이와 달리 3자간 명의신탁 중 계약명의신탁의 경우에는 매도인과 매수인(명의수탁자)만 외부에 노출되어 있고, 매수인(명의수탁자)과 내부적으로 명의신탁 약정을 한 명의신탁자는 매매계약에서

빠져 있는 경우를 말한다. 이 경우 매도인으로서는 자신이 체결하는 매매
계약의 이면에 명의신탁 관계가 있는지 여부를 모르는 경우도 있을 수 있
어 매도인이 그러한 내용을 알지 못하는 선의의 경우에는 부동산 실권리자
명의 등기에 관한 법률 제4조 제2항 단서에 의하여 선의의 매도인을 보호
하는 규정을 두고 있다. 판례는 계약명의신탁에서 매도인이 선의인 경우
당해 부동산에 관한 물권변동은 유효하고, 한편 신탁자와 수탁자 사이의
명의신탁 약정은 무효이므로, 결국 수탁자는 전소유자인 매도인뿐만 아니
라 신탁자에 대한 관계에서도 유효하게 당해 부동산의 소유권을 취득한 것
으로 보아야 할 것이어서 그 수탁자는 타인의 재물을 보관하는 자라고 볼
수 없으므로 횡령죄가 성립하지 않고(대법원 2000. 3. 24. 선고 98도4347 판
결), 수탁자는 신탁자에 대한 관계에서도 신탁 부동산의 소유권을 완전히
취득하고 단지 신탁자에 대하여 명의신탁약정의 무효로 인한 부당이득 반
환의무만을 부담할 뿐이므로 타인의 사무를 처리하는 자의 지위에 있다고
볼 수 없어 배임죄도 성립하지 않는다고 한다(대법원 2008. 3. 27. 선고 2008
도455 판결). 한편 계약명의신탁에서 매도인이 악의인 경우에는 수탁자 명
의의 소유권이전등기는 무효이고 부동산의 소유권은 매도인이 그대로 보
유하게 되므로, 명의수탁자는 부동산 취득을 위한 계약의 당사자도 아닌
명의신탁자에 대한 관계에서 횡령죄에서 '타인의 재물을 보관하는 자'의 지
위에 있다고 볼 수 없고, 또한 명의수탁자가 명의신탁자에 대하여 매매대
금 등을 부당이득으로 반환할 의무를 부담한다고 하더라도 이를 두고 배임
죄에서 '타인의 사무를 처리하는 자'의 지위에 있다고 보기도 어렵다고 하
여 횡령죄 및 배임죄 모두 성립하지 않는다는 입장이다(대법원 2012. 11. 29.
선고 2011도7361 판결). 결국 판례에 의하면 계약명의신탁의 경우에는 매도
인의 선의, 악의와 관계없이 횡령죄와 배임죄 모두 성립하지 않게 된다.

C. 행위

횡령죄의 행위는 횡령하거나 반환을 거부하는 것이다. 횡령이란 타인

의 재물을 보관하는 사람이 그 재물에 대한 불법영득의사를 객관적으로 인
식할 수 있는 방법으로 표현하는 행위를 말하는데 매매, 증여, 소비, 은닉
등이 전형적이며 매매 등과 같은 법률행위 방식으로 횡령하는 경우 그 법
률행위의 유효, 무효, 취소가능성을 불문한다. 다만 판례는 법률행위가 강
행규정위반으로 당연무효인 경우 횡령죄의 성립을 부정하고 있다(대법원
1978. 11. 28. 선고 75도2713 판결 등). 횡령행위는 작위 뿐 아니라 부작위로도
가능하다.

반환거부는 횡령행위의 한 태양으로서 소유자의 반환요구에 대하여
정당한 사유없이 소유자의 권리를 배제하는 의사표시를 하여 불법영득의
사를 외부로 표현하는 것이다. 따라서 반환거부에 대하여 동시이행의 항변
권이 있는 것과 같이 그 반환거부에 정당한 이유가 있다면 횡령행위에 해
당하지 않는다.

횡령행위와 관련하여 횡령죄의 미수가 문제된다. 불법영득의사가 객관
적으로 인식될 수 있을 정도로 외부에 표현되면 기수가 된다는 표현설과
처분행위로 불법영득의사가 실현되었을 때 기수가 된다는 실현설이 대립
되고 있으며, 표현설에 의하면 실제 사건에서 횡령의 미수가 인정되기 어
렵게 되는 점이 있는데, 판례는 대체로 표현설의 입장이나(대법원 2010. 5.
13. 선고 2009도1373 판결 등), 실현설의 입장을 보이는 것도 있다(대법원
2012. 5. 10. 선고 2011도12408 판결 등).

다. 주관적 구성요건

A. 고의

횡령죄는 고의범이므로 객관적 구성요건에 대한 인식과 의사가 있어
야 한다. 따라서 재물의 보관자로서의 지위를 인식하고 그 재물을 횡령 또
는 반환을 거부한다는 인식과 의사가 있어야 한다.

B. 불법영득의사

자기 또는 제3자의 이익을 위하여 위탁자의 신뢰를 깨면서 자신이 보관하고 있는 위탁자의 재물을 자기의 소유인 것처럼 처분하는 의사가 있어야 한다. 따라서 보관자가 위탁자의 이익을 위하여 그 재물을 처분하였다면 불법영득의사는 부정된다고 할 것이다(대법원 2016. 8. 30. 선고 2013도658 판결 등). 판례는 예산의 항목유용과 관련하여 출장비 예산의 항목유용 자체가 위법한 목적이 있다거나 예산의 용도가 엄격하게 제한되어 있다고 볼 만한 사정이 없다면 단지 피고인이 출장비를 지정용도 이외로 임의 소비하였다는 것만으로 바로 피고인에게 불법영득의 의사를 인정할 수는 없다는 입장을 취하고 있다(대법원 2002. 11. 26. 선고 2002도5130 판결 등).

라. 공범관계

횡령죄는 위탁관계에 의하여 타인의 재물을 보관하는 사람만 정범이 될 수 있는 진정신분범이다. 따라서 비신분자는 공범과 신분 규정(제33조)에 의하여 횡령죄의 공동정범, 교사범, 방조범이 될 수 있다. 판례는 주식회사의 재산을 임의로 처분하려는 대표이사의 횡령행위를 주선하고 그 처분행위를 적극적으로 종용한 경우에는 대표이사의 횡령행위에 가담한 공동정범의 죄책을 면할 수 없다고 하였다(대법원 2005. 8. 19. 선고 2005도3045 판결).

마. 죄수 및 타죄와의 관계

A. 죄수

횡령죄의 죄수는 위탁관계의 수를 기준으로 판단한다. 따라서 한 개의 행위로 수인으로부터 위탁받은 재물을 횡령하면 수죄의 상상적 경합이 되고, 한 사람으로부터 수인 소유의 재물을 위탁받은 후 횡령하면 위탁관계는 한 개이므로 일죄가 된다. 만약 수개의 횡령행위라고 하더라도 피해법익, 행위태양, 단일한 범의의 발현 등 일련의 행위로 인정되는 경우에는 포괄일죄가 된다. 판례는 여러 개의 위탁관계에 의하여 보관하던 여러 개의 재물을 1개의 행위로 횡령한 경우 위탁관계별로 수개의 횡령죄가 성립하고, 그 사이에는 상상적 경합관계에 있다고 하였다(대법원 2013. 10. 31. 선고 2013도10020 판결).

B. 불가벌적 사후행위

횡령행위가 종료된 후 행해진 횡령물의 처분행위는 불가벌적 사후행위가 되어 별죄가 되지 않으나, 새로운 법익침해가 있는 경우에는 별도의 범죄가 된다. 판례는 타인의 부동산을 보관 중인 자가 불법영득의사를 가지고 그 부동산에 근저당권설정등기를 경료함으로써 일단 횡령행위가 기수에 이르렀다 하더라도 그 후 같은 부동산에 별개의 근저당권을 설정하여 새로운 법익침해의 위험을 추가함으로써 법익침해의 위험을 증가시키거나 해당 부동산을 매각함으로써 기존의 근저당권과 관계없이 법익침해의 결과를 발생시켰다면, 이는 불가벌적 사후행위로 볼 수 없고 별도로 횡령죄를 구성한다고 하여 종래의 견해를 변경하였다(대법원 2013. 2. 21. 선고 2010도10500 전원합의체 판결).

C. 타죄와의 관계

재물의 보관자가 영득의 의사로 위탁자를 기망하여 영득행위를 완성한 경우 사기죄는 성립하지 않고 횡령죄만 성립한다(대법원 1987. 12. 22. 선고 87도2168 판결). 장물의 보관을 위탁받은 자가 이를 횡령한 경우 장물보관죄가 성립할 뿐 별도로 횡령죄가 성립하는 것은 아니다(대법원 1976. 11. 23. 선고 76도3067 판결). 또한 회사 대표가 계열회사 소유자금 중 일부를 임의로 빼돌려 자기 소유 자금과 구분 없이 거주지 안방에 보관한 경우 이는 횡령죄에 해당할 뿐이고 강제집행면탈죄가 성립하는 것은 아니라는 것이 판례의 입장이다(대법원 2007. 6. 1. 선고 2006도1813 판결).

바. 친족상도례

친족상도례 규정은 횡령죄에도 적용된다. 따라서 직계혈족, 배우자, 동거친족, 동거가족 또는 그 배우자 간에는 형을 면제하고, 그 이외의 친족 사이에서는 고소가 있어야 공소를 제기할 수 있다. 특정경제범죄 가중처벌 등에 관한 법률에 의하여 5억 원 이상의 횡령이 가중 처벌되는 경우에도 친족상도례 규정은 적용된다(대법원 2013. 9. 13. 선고 2013도7754 판결).

횡령죄는 신뢰관계 위반을 본질로 하므로 위탁자도 피해자가 되므로, 소유자, 위탁자 쌍방과 친족관계가 있어야 친족상도례가 적용된다. 판례도 횡령범인이 위탁자가 소유자를 위하여 보관하고 있던 물건을 위탁자로부터 보관받아 횡령한 경우 소유자, 위탁자 쌍방 사이에 친족관계가 존재하는 경우에만 적용되고 횡령범인과 소유자 사이에서만 친족관계가 있거나 횡령범인과 위탁자 사이에서만 친족관계가 있는 경우에는 적용되지 않는다고 하였다(대법원 2008. 7. 24. 선고 2008도3438 판결).

2. 업무상횡령죄

가. 의의

업무상 임무에 위배하여 자기가 보관하는 타인의 재물을 횡령하거나 반환을 거부하는 경우 업무상횡령죄가 성립한다(제356조). 횡령죄에 비하여 형이 가중되는 가중적 구성요건이고 보관자라는 신분 외에도 업무자라는 가중적 신분까지 필요한 경우로 이중적 신분을 요한다. 미수범 규정, 친족상도례, 동력규정 모두 적용된다.

나. 업무

업무상횡령죄의 업무는, 사람의 생명이나 신체에 대한 위험을 수반하는 사무에 제한되는 것이 아니며 업무상과실치사상죄에서의 업무와는 다

르다. 사회생활상의 지위에서 계속 또는 반복적으로 행하는 사무이며, 그
업무의 근거가 법령이나 계약에 의한 경우 뿐 아니라 사실상의 업무도 여
기에 해당한다. 또한 재물의 보관을 주된 업무로 하는 경우 외에도 여기에
해당한다. 허가나 면허를 받아야 하는 경우에도 허가나 면허 없이 절차상
문제가 있는 경우라고 하더라도 본죄의 업무에 해당한다. 또한 면직되거나
고용관계가 소멸된 후에도 사실상 사무를 계속했다면 본죄의 업무에 포함
된다(대법원 1982. 1. 12. 선고 80도1970 판결).

다. 구성요건

업무상횡령죄의 구성요건은 앞에서 본 횡령죄의 구성요건인 주체, 객
체, 행위에 관한 내용이 그대로 적용된다. 판례는 상법상 가장납입죄가 문
제되는 사안에서 실질적으로 회사의 자본을 증가시키는 것이 아니고 등기
를 위하여 납입을 가장하는 편법에 불과하여 주금의 납입 및 인출의 전 과
정에서 회사의 자본금에는 실제 아무런 변동이 없다고 보아야 할 것이므
로, 그들에게 회사의 돈을 임의로 유용한다는 불법영득의 의사가 있다고
보기 어렵다 할 것이고, 이러한 관점에서 상법상 납입가장죄의 성립을 인
정하는 이상 회사 자본이 실질적으로 증가됨을 전제로 한 업무상횡령죄가
성립한다고 할 수는 없다(대법원 2009. 6. 25. 선고 2008도10096 판결)고 한 바
있다.

라. 공범관계

업무상횡령죄는 이중적 신분을 요하는 경우이므로, 타인의 재물을 보
관하는 사람도 아니고 업무자도 아닌 사람이 업무상횡령죄에 가담한 경우,
형법 제33조 본문을 적용하여 업무상횡령죄의 공범(또는 공동정범)이 되고,
형법 제33조 단서에 의하여 처벌만 단순횡령죄의 형으로 처벌된다고 해석
하는 것이 판례의 입장이다(대법원 1965. 8. 24. 선고 65도493 판결).

3. 점유이탈물횡령죄

가. 객관적 구성요건

유실물, 표류물, 매장물 또는 타인의 점유를 이탈한 재물을 횡령함으로써 성립하는 범죄인데(제360조), 유실물은 잃어버린 물건을 말하고, 표류물이란 점유를 이탈하여 바다나 하천에 떠 흐르고 있는 물건이다. 매장물이란 토지, 해저 등에 묻혀 있는 물건을 말한다. 점유이탈물은 점유자의 의사에 의하지 않고 그 점유를 벗어난 타인 소유물, 아직 누구의 점유에도 속하지 않는 타인 소유물이다.

판례는 지하철의 승무원은 유실물을 현실적으로 발견하지 않는 한 이에 대한 점유를 개시하였다고 할 수 없으므로 그러한 유실물을 발견하고 가져간 행위는 점유이탈물횡령죄가 된다고 하였고(대법원 1999. 11. 26. 선고 99도3963 판결), 고속버스의 운전사도 유실물을 현실적으로 발견하지 않는 한 점유를 개시하였다고 할 수 없고 따라서 다른 승객이 유실물을 발견하고 가져간 경우 점유이탈물횡령죄가 성립한다고 하였다(대법원 1993. 3. 16. 선고 92도3170 판결). 그러나 금반지를 잃어버린 장소가 당구장과 같이 타인의 관리 하에 있을 때에는 그 물건은 관리자의 점유에 속하므로 제3자가 이를 취거하는 것은 절도죄에 해당한다고 하였다(대법원 1988. 4. 25. 선고 88도409 판결). 또한 강간을 당한 피해자가 도피하면서 현장에 놓아두고 간 손가방은 피해자의 지배 하에 있는 물건이므로 그 손가방 안에 들어 있는 피해자 소유의 돈을 꺼내간 행위는 절도죄에 해당한다고 하였다(대법원 1984. 2. 28. 선고 84도38 판결).

횡령죄와 달리 반환거부라는 행위태양은 본죄에서 제외되어 있으며, 미수는 처벌하지 않는다. 친족상도례 규정과 동력 규정도 적용된다.

나. 주관적 구성요건

횡령죄에서와 마찬가지로 고의와 불법영득의사가 필요하다. 판례는 다른 사람의 유실물인 줄 알면서 당국에 신고하거나 피해자의 숙소에 운반하지 아니하고 자기 친구 집에 운반한 경우에는 점유이탈물횡령죄의 고의가 없다고 하였고(대법원 1969. 8. 19. 선고 69도1078 판결), 자전거를 습득하여 소유자가 나타날 때까지 보관한 경우에는 영득의사가 없다고 하였다(대법원 1957. 7. 12. 선고 4290형상104 판결).

제 6 절 배임의 죄

1. 배임죄

가. 의의

배임죄는 타인의 사무를 처리하는 자가 그 임무에 위배하는 행위를 하여 재산상 이익을 취득하고 본인에게 손해를 가한 때 성립하며(제355조 제2항), 횡령죄(제355조 제1항)와 같은 형으로 처벌한다. 배임죄의 보호정도에 관하여 다수설은 침해범이라고 보고 있으나, 판례는 배임죄는 현실적인 재산상 손해액이 확정될 필요까지는 없고 단지 재산상 권리의 실행을 불가능하게 할 염려 있는 상태 또는 손해 발생의 위험이 있는 경우에 바로 성립되는 위태범이라고 하고 있다(대법원 2000. 4. 11. 선고 99도334 판결).

횡령죄와 배임죄는 모두 신분범으로서 신임관계에 위배된다는 점에서 동일한데, 횡령죄는 개개의 재물을 객체로 하고 배임죄는 재산상 이익을 객체로 한다. 따라서 양죄는 횡령죄가 특별법, 배임죄가 일반법의 관계에 있는 것으로 배임죄는 횡령죄를 포함하게 된다.

나. 객관적 구성요건

A. 주체

배임죄의 주체는 타인의 사무를 처리하는 자이다. 따라서 배임죄는 진정신분범이다. 그 사무처리의 근거는 법률에 국한되는 것이 아니고 제3자에 대한 관계에서 그 사무에 관한 대리권이 존재할 것을 요하지 않으며 계약, 관습, 사실상의 것도 그 근거에 포함된다(대법원 2002. 6. 14. 선고 2001도3534 판결).

타인의 사무를 처리하는 자에 해당하는지 관련해서는 전적으로 학설과 판례에 그 해석이 맡겨져 있다. 어느 경우에 타인의 사무를 처리한다고 할 수 있는지 그 용어만으로 선뜻 내용을 알기 어렵기 때문에 개별 사례에서 그 범위를 확인할 필요가 있다.

판례는 피해자가 피고인에게 나중에 국유지 불하를 받아달라고 하면서 피해자 명의로 국유재산대부계약이 체결된 토지 등의 관리를 부탁하였다면 이는 국유재산을 불하받아 주는 사무처리 및 이와 관련된 사무처리를 위임한 것이라고 볼 수 있고, 이러한 위임관계가 단순한 민사상 채무를 부담하는 경우에 그치는 것이 아니라, 위임계약에 따라 타인의 재산관리에 관한 사무를 대행하는 관계라고 보아, 배임죄에 있어서 타인의 사무에 해당한다고 하였고(대법원 2005. 3. 25. 선고 2004도6890 판결), 미성년자와 친생자 관계가 없으나 호적상 친모로 등재되어 있는 자가 미성년자의 상속재산 처분에 관여한 경우에는 타인의 사무를 처리하는 자의 지위에 있다고 하였다(대법원 2002. 6. 14. 선고 2001도3534 판결). 그러나 금융기관의 임직원은 예금주로부터 예금계좌를 통한 적법한 예금반환 청구가 있으면 이에 응할 의무가 있을 뿐 예금주와의 사이에서 그의 재산관리에 관한 사무를 처리하는 자의 지위에 있다고 할 수 없다. 임의로 예금주의 예금계좌에서 5,000만 원을 인출한 금융기관의 임직원에게 업무상배임죄가 성립하지 않는다 하였고(대법원 2008. 4. 24. 선고 2008도1408 판결), 근저당권설정자가 등기관계 서류를 위조하여 근저당권설정등기를 말소하였다 하더라도 이는 문서에 관한 범죄를 구성할 뿐이고 달리 배임죄를 구성한다고 할 수 없다고 하였다(대법원 1987. 8. 18. 선고 87도201 판결).

계주가 계원들로부터 계불입금을 징수하고 계원들에게 계금을 지급할 의무를 지는 것은 배임죄에서 말하는 타인의 사무에 해당하지만, 계주가 계원들로부터 계불입금을 징수하지 않았다면 그러한 상태에서 부담하는 계금지급의무는 단순한 채무에 불과하여 타인의 사무에 속하지 않는다는 것이 판례의 입장이다(대법원 2009. 8. 20. 선고 2009도3143 판결).

한편 타인의 사무를 처리할 의무의 주체가 법인이 되는 경우라도 법인은 다만 사법상의 의무주체가 될 뿐 범죄능력이 없는 것이며 그 타인의 사무는 법인을 대표하는 자연인인 대표기관의 의사결정에 따른 대표행위에 의하여 실현될 수밖에 없다는 것이 판례이다(대법원 1984. 10. 10. 선고 82도2595 전원합의체 판결).

B. 객체

배임죄의 객체는 재산상 이익이다. 재산상 손해를 끼치는 행위를 하였더라도 재산상 이익을 취득하지 않았다면 배임죄가 성립되지 않는다(대법원 2006. 7. 27. 선고 2006도3145 판결 등). 재산상 이익을 향유하는 주체는 배임행위를 한 사람이거나 제3자이거나를 불문한다. 재산상 이익에 관해서는 법률적 재산설, 경제적 재산설, 법률적ㆍ경제적 재산설 등 여러 견해가 존재하고 있으나 판례는 재산상 이익이 반드시 사법상 보호되는 이익만을 의미하지는 않는다고 하여 경제적 재산설의 입장을 취하고 있다(대법원 2001. 10. 23. 선고 2001도2991 판결).

C. 재산상 손해

배임행위로 인하여 재산상 손해가 생기게 할 것이 배임죄의 요건이다. 여기의 재산상 손해는 전체 재산가치의 감소를 말한다. 재산상 손해는 적극손해 뿐 아니라 소극손해도 포함한다. 판례는 객관적으로 보아 취득할 것이 충분히 기대되는데도 임무위배행위로 말미암아 이익을 얻지 못한 경우, 즉 소극적 손해를 야기한 경우도 포함되며 이러한 소극적 손해는 재산증가를 객관적ㆍ개연적으로 기대할 수 있음에도 임무위배행위로 이러한 재산증가가 이루어지지 않은 경우를 의미하므로 임무위배행위가 없었다면 실현되었을 재산 상태와 임무위배행위로 말미암아 현실적으로 실현된 재산 상태를 비교하여 그 유무 및 범위를 산정하여야 한다(대법원 2013. 4. 26. 선고 2011도6798 판결)고 한다. 또한 재산상 손해의 유무에 대한 판단은 본인의 전 재산 상태와의 관계에서 법률적 판단에 의하지 아니하고 경제적 관점에서 파악하여야 하므로, 법률적 판단에 의하여 당해 배임행위가 무효라 하더라도 경제적 관점에서 파악하여 배임행위로 인하여 본인에게 현실적인 손해를 가하였거나 재산상 실해 발생의 위험을 초래한 경우에는 재산상의 손해를 가한 때에 해당되어 배임죄를 구성한다(대법원 2012. 12. 27. 선고 2012도10822 판결)고 하면서, 손해의 발생이 증명된 이상 손해액이 구체적으로 명백하게 산정되지 아니하였더라도 배임죄의 성립에는 영향이 없다는 입장이다(대법원 2014. 2. 27. 선고 2013도12155 판결). 특히 재산상 손해가 현실적으로 발생한 경우 뿐 아니라 손해발생의 위험이 있는 경우까지 포함한다는 입장(대법원 2000. 12. 8. 선고 99도3338 판결 등)을 취하면서, 경제적인 관점에서 본인에게 손해가 발생한 것과 같은 정도로 구체적인 위험이 있는 경우를 의미한다고 한다(대법원 2015. 9. 10. 선고 2015도6745 판결 등). 한편 회사 대표가 대표권을 남용하여 무효인 약속어음을 발행한 경우 타인의 사무를 처리하는 자가 임무에 위배한 행위를 하여 본인에게 손해를 가한 경우에 해당하여 배임죄의 기수가 되는 것인지 여부에 관하여, 대법원은 배임죄의 재산상 손해는 현실적인 손해 뿐 아니라 재산상 실해 발생의 위험이 초래된 경우도 포함되는 것이지만, 여기서의 실해 발생의 위험은 경제적 관점에서 재산상 손해가 발생한 것과 사실상 같다고 평가될 정도로 구체적·현실적 위험이 야기된 경우만을 말하는 것이므로, 위 약속어음이 실제로 제3자에게 유통되기 전까지는 그러한 위험이 아직 구체화되거나 현실화되었다고 보기 어려우므로 실해 발생의 위험이 초래되었다고 할 수 없고 배임미수에 해당된다고 하면서 종전 견해를 변경한 바 있다(대법원 2017. 7. 20. 선고 2014도1104 전원합의체 판결).

재산상 손해를 야기한 행위가 동시에 그 손해를 보상할 만한 재산상 이익을 준 경우에는 재산상 손해가 있다고 할 수 없다(대법원 2005. 4. 15. 선고 2004도7053 판결). 한편 재산상 손해액을 계산하는 방법과 관련하여 판례는 부실대출에 의한 업무상배임죄가 성립하는 경우에는 담보물의 가치를 초과하여 대출한 금액이나 실제로 회수가 불가능하게 된 금액만을 손해액으로 볼 것은 아니고, 재산상 권리의 실행이 불가능하게 될 염려가 있거나 손해발생의 위험이 있는 대출금 전액을 손해액으로 보아야 한다고 하였다(대법원 2014. 6. 26. 선고 2014도753 판결).

D. 배임행위

배임행위란 처리하는 사무의 내용, 성질 등 구체적 상황에 비추어 법률의 규정, 계약의 내용 혹은 신의칙상 당연히 할 것으로 기대되는 행위를 하지 않거나 당연히 하지 않아야 할 것으로 기대하는 행위를 함으로써 본인과 사이의 신임관계를 저버리는 일체의 행위를 말한다(대법원 2002. 7. 22. 선고 2002도1696 판결 등). 대리권 또는 위임받은 권한을 남용한 경우, 법률상의 의무위반, 사실상의 신임관계에 의한 임무위반 등의 경우를 모두 포함하며, 법률행위인 경우에는 그 법률행위의 유효, 무효 여부를 불문한다. 배임행위는 작위 뿐 아니라 부작위에 의하여도 가능하다. 그러나 단순한 채무불이행은 배임행위에 해당하지 않는다. 이상과 같은 추상적인 기준이 있기는 하지만 실제 사안에서 배임행위에 해당하여 형사처벌 대상이 되는지 여부를 판단하는 것은 간단한 문제는 아니다. 이 부분 역시 학설과 판례를 통하여 그 기준점을 확인해 가는 수밖에 없다.

판례는 회사의 이사 등이 타인에게 회사자금을 대여하면서 그 타인이 이미 채무변제능력을 상실하여 그에게 자금을 대여하거나 지급보증할 경우 회사에 손해가 발생하리라는 정을 충분히 알면서 이에 나아갔거나, 충분한 담보를 제공받는 등 상당하고도 합리적인 채권회수조치를 취하지 아니한 채 만연히 대여한 경우 배임행위에 해당한다고 하면서도(대법원 2010.

10. 28. 선고 2009도1149 판결), 타인이 채무초과 상태에 있더라도 그러한 이
유만으로는 자금대여나 연대보증 또는 담보제공이 곧 회사에 대하여 배임
행위가 된다고 단정할 수 없다고 하였다(대법원 2014. 11. 27. 선고 2013도
2858 판결). 한편 타인에 대한 채무의 담보로 제3채무자에 대한 채권에 대하
여 권리질권을 설정하고, 질권설정자가 제3채무자에게 질권설정의 사실을
통지하거나 제3채무자가 이를 승낙한 상태에서 질권설정자가 질권자의 동
의 없이 제3채무자에게서 질권의 목적인 채권의 변제를 받은 경우 질권자
에게 손해를 가하거나 손해 발생의 위험을 초래하였다고 할 수 없어 질권
자에 대한 관계에서 배임죄가 성립하지 않는다고 하였고(대법원 2016. 4. 29.
선고 2015도5665 판결), 저당권 설정자가 단순히 그 저당권의 목적인 자동차
를 다른 사람에게 매도한 것만으로는 배임죄가 성립하지 아니한다고 하였
다(대법원 2008. 8. 21. 선고 2008도3651 판결). 회사 임직원이 영업비밀을 경
쟁업체에 유출하거나 스스로의 이익을 위하여 이용할 목적으로 무단으로
반출하였다면 그 반출 시에 업무상배임죄의 기수가 되고, 영업비밀이 아니
더라도 그 자료가 불특정 다수의 사람에게 공개되지 아니하였고 사용자가
상당한 시간, 노력 및 비용을 들여 제작한 영업상 주요한 자산인 경우에도
그 자료의 반출행위는 업무상배임죄를 구성한다는 판례도 있다(대법원
2016. 6. 23. 선고 2014도11876 판결).

　　최근 많은 논의가 진행되고 있는 부분이 '경영판단의 원칙'이다. 경영
자가 주관적으로 기업의 이익을 위하여 성실하게 경영상 판단을 하였고 그
판단과정이 공정하다고 볼 만한 절차적 요건을 갖추었다면 잘못된 판단으
로 기업에 손해가 발생하였다고 하더라도 경영자의 경영상 판단을 존중하
여 그로 인한 책임을 면하도록 하자는 것이다. 배임행위에 해당한다고 할
것인가, 배임죄의 고의가 있는 것인가 하는 측면에서 많이 다루어지는데,
판례는 "경영상의 판단과 관련하여 기업의 경영자에게 배임의 고의가 있었
는지 여부를 판단함에 있어서도 일반적인 업무상배임죄에서의 고의의 증
명방법과 마찬가지의 법리가 적용되어야 함은 물론이지만, 기업의 경영에

는 원천적으로 위험이 내재하고 있어서 경영자가 아무런 개인적 이익을 취할 의도 없이 선의에 기하여 가능한 범위 내에서 수집된 정보를 바탕으로 기업의 이익에 합치된다는 믿음을 가지고 신중하게 결정을 내린다 하더라도 그 예측이 빗나가 기업에 손해가 발생하는 경우가 있을 수 있으므로, 이러한 경우까지 고의에 관한 해석기준을 완화하여 업무상배임죄의 형사책임을 묻는다면 이는 죄형법정주의의 원칙에 위배됨은 물론이고 정책적인 차원에서 보아도 영업이익의 원천인 기업가 정신을 위축시키는 결과를 낳게 되어 당해 기업뿐 아니라 사회적으로도 큰 손실이 될 것이다. 따라서 현행 형법상의 배임죄가 위태범이라는 법리를 부인할 수 없을지라도, 문제된 경영상의 판단에 이르게 된 경위와 동기, 판단대상인 사업의 내용, 기업이 처한 경제적 상황, 손실발생과 이익획득의 개연성 등 제반 사정에 비추어 자기 또는 제3자가 재산상 이익을 취득한다는 인식과 본인에게 손해를 가한다는 인식하에 이루어진 의도적 행위임이 인정되는 경우에 한하여 배임죄의 고의를 인정하는 엄격한 해석기준은 유지되어야 하고, 이러한 인식이 없음에도 단순히 본인에게 손해가 발생하였다는 결과만으로 책임을 묻거나 주의의무를 소홀히 한 과실이 있다고 보아 책임을 물을 수는 없다"는 입장을 보이고 있다(대법원 2014. 11. 27. 선고 2013도2858 판결 등). 최근 대법원은 기업집단 내 계열회사 사이의 자금지원이 그 계열회사들의 공동이익을 위한 것으로서 특정회사 또는 특정인의 사익을 위한 것이 아니고, 지원 계열회사의 선정 및 지원 규모가 객관적이고 합리적으로 결정되었으며, 구체적인 지원행위가 정상적이고 합법적인 방법으로 시행되고, 지원행위로 인한 부담이나 위험에 상응하는 적절한 보상을 객관적으로 기대할 수 있는 상황임이 인정되는 등 문제된 계열회사 사이의 자금지원 행위가 합리적인 경영판단의 재량 범위 내에서 행해진 것이라면 배임의 고의를 인정하기 어렵다고 한 바 있다(대법원 2017. 11. 9. 선고 2015도12633 판결).

다. 주관적 구성요건

배임죄의 고의범으로서 타인의 사무를 처리하는 자로서 임무위배행위를 하여 자기 또는 제3자가 재산상 이익을 취득하고 본인에게 손해를 가한다는 점에 관한 인식과 의사가 있어야 한다. 또한 자기 또는 제3자로 하여금 재산상 이익을 취득하게 하려는 불법영득의사가 있어야 한다. 판례도 불법영득의 의사라 함은 자기 또는 제3자의 이익을 꾀할 목적으로 업무상 임무에 위배된 행위를 하는 의사를 의미하고, 반드시 자기 스스로 재산상 이익을 취득해야만 하는 것은 아니다(대법원 2005. 7. 29. 선고 2004도5685 판결).

라. 공범관계

배임죄는 진정신분범이므로 신분 없는 자가 신분 있는 자의 배임행위에 가담한 경우 횡령죄에서 살펴본 바와 같이 처리하게 된다. 배임죄의 실행으로 인하여 이익을 얻게 되는 수익자 또는 그와 밀접한 관련이 있는 제3자를 배임의 실행행위자와 공동정범으로 인정하기 위하여는 실행행위자의 행위가 피해자 본인에 대한 배임행위에 해당한다는 것을 알면서도 소극적으로 그 배임행위에 편승하여 이익을 취득한 것만으로는 부족하고, 실행행위자의 배임행위를 교사하거나 또는 배임행위의 전 과정에 관여하는 등으로 배임행위에 적극 가담할 것을 필요로 한다(대법원 2012. 6. 28. 선고 2012도3643 판결).

마. 죄수 및 타죄와의 관계

배임죄도 횡령죄와 마찬가지로 신뢰관계를 기준으로 죄수를 정한다는 것이 통설의 입장이다. 따라서 사무처리자가 여러 배임행위를 한 경우 신임관계가 단일하고 범죄의사, 태양이 동일하면 포괄일죄에 해당한다(대법원 2009. 7. 23. 선고 2007도541 판결). 다만 아파트의 각 세대를 분양받은 각 피해자에 대하여 소유권이전등기절차를 이행하여 주어야 할 업무상의 임무가 있었다면 각 피해자의 보호법익은 독립된 것이므로, 범의가 단일하고 제3자 앞으로 각 소유권이전등기 및 근저당권설정등기를 한 각 행위시기가 근접하여 있으며 피해자들이 모두 위 회사로부터 소유권이전등기를 받을 동일한 권리를 가진 자라고 하여도 각 공소사실이 포괄일죄의 관계에 있다고는 할 수 없고 피해자별로 독립한 수개의 업무상 배임죄의 관계에 있다는 것이 판례의 입장이다(대법원 1994. 5. 13. 선고 93도3358 판결 등).

횡령죄는 배임죄에 관하여 특별관계에 있으므로 횡령죄에 해당하면 배임죄는 성립하지 않는다. 타인의 사무를 처리하는 자가 본인을 기망하여 재산상 이익을 취득한 경우 배임죄와 사기죄는 상상적 경합이 된다(대법원 2002. 7. 18. 선고 2002도669 전원합의체 판결). 그러나 부동산에 피해자 명의의 근저당권을 설정하여 줄 의사가 없음에도 피해자를 속이고 근저당권설정을 약정하여 금원을 편취한 경우라 할지라도, 이러한 약정은 사기 등을 이유로 취소되지 않는 한 여전히 유효하여 피해자 명의의 근저당권설정등기를 하여 줄 임무가 발생하는 것이고, 그럼에도 불구하고 임무에 위배하여 그 부동산에 관하여 제3자 명의로 근저당권설정등기를 마친 경우, 이러한 배임행위는 금원을 편취한 사기죄와는 전혀 다른 새로운 보호법익을 침해하는 행위로서 사기 범행의 불가벌적 사후행위가 되는 것이 아니라 별죄를 구성한다(대법원 2008. 3. 27. 선고 2007도9328 판결).

배임행위에 제공된 물건을 그 정을 알면서 취득한 경우 배임죄로 영득한 재물이 아니므로 장물취득죄가 성립하지 않는다(대법원 1981. 7. 28. 선고 81도618 판결). 또한 배임행위에 적극가담한 경우 배임행위로 취득할 재물을 자신이 취득하였다 하더라도 장물취득죄가 아니라 배임죄의 공동정범이 된다(대법원 1987. 4. 28. 선고 83도1568 판결).

바. 관련문제

A. 부동산 이중매매

부동산의 이중매매는 부동산의 매도인이 제1매수인과 매매계약을 체결한 후 아직 소유권이전등기를 경료하기 전 제2매수인과 매매계약을 체결하고 제2매수인에게 소유권이전등기를 경료하는 경우를 말한다. 이 경우 매도인에게 배임죄가 성립되는가 하는 점이 문제된다. 최근 대법원은 전원합의체 판결로 다음과 같이 판결한 바 있다. "부동산 매매계약에서 계약금만 지급된 단계에서는 어느 당사자나 계약금을 포기하거나 그 배액을 상환함으로써 자유롭게 계약의 구속력에서 벗어날 수 있다. 그러나 중도금이 지급되는 등 계약이 본격적으로 이행되는 단계에 이른 때에는 계약이 취소되거나 해제되지 않는 한 매도인은 매수인에게 부동산의 소유권을 이전해 줄 의무에서 벗어날 수 없다. 따라서 이러한 단계에 이른 때에 매도인은 매수인에 대하여 매수인의 재산보전에 협력하여 재산적 이익을 보호·관리할 신임관계에 있게 된다. 그때부터 매도인은 배임죄에서 말하는 '타인의 사무를 처리하는 자'에 해당한다고 보아야 한다. 그러한 지위에 있는 매도인이 매수인에게 계약 내용에 따라 부동산의 소유권을 이전해 주기 전에 그 부동산을 제3자에게 처분하고 제3자 앞으로 그 처분에 따른 등기를 마쳐 준 행위는 매수인의 부동산 취득 또는 보전에 지장을 초래하는 행위이다. 이는 매수인과의 신임관계를 저버리는 행위로서 배임죄가 성립한다"고 하였다(대법원 2018. 5. 17. 선고 2017도4027 전원합의체 판결).

　　매도인과 제1매수인 사이에서 계약금만 수수된 상태에서는 매도인이 언제든지 계약금의 배액을 상환하고 계약을 해제할 수 있으므로 타인의 사무를 처리하는 자에 해당하지 않는다. 따라서 이 단계에서는 매도인에게 배임죄가 성립하지 않는다(대법원 1984. 5. 15. 선고 84도315 판결). 그러나 매도인이 제1매수인으로부터 계약금과 중도금까지 수령한 이상 잔금수령과 동시에 제1매수인 명의로 소유권이전등기에 협력할 임무가 있으므로 이를 다시 제2매수인에게 처분함으로써 제1매수인에게 잔대금 수령과 상환으로 소유권이전등기절차를 이행하는 것이 불가능하게 되었다면 배임죄의 책임을 면할 수 없다(대법원 1988. 12. 13. 선고 88도750 판결). 이 경우 매도인이 다시 제2매수인과 사이에 매매계약을 체결하고 계약금만을 지급받고 중도

금을 수령한 바 없다면 배임죄의 실행의 착수가 있었다고 볼 수 없지만(대
법원 2003. 3. 25. 선고 2002도7134 판결), 계약금과 중도금까지 수령하였다면
제1매수인에 대한 소유권이전등기 협력임무의 위배와 밀접한 행위로서 배
임죄의 실행착수이며(대법원 1983. 10. 11. 선고 83도2057 판결), 배임죄의 기
수시기는 제2매수인 앞으로 소유권이전등기를 마친 때라고 할 것이다(대법
원 1984. 11. 27. 선고 83도1946 판결). 이 경우 제2매수인이 매도인의 이중매
매에 적극가담한 경우에는 배임죄의 공동정범이 성립하며(대법원 1983. 7.
12. 선고 82도180 판결 등), 그 부동산에 관하여 장물취득죄가 성립하는 것은
아니다(대법원 1975. 12. 9. 선고 74도2804 판결 등).

B. 동산 이중매매

매도인이 제1매수인으로부터 계약금, 중도금을 수령한 후 제2매수인에
게 다시 그 동산을 매도하여 인도하는 경우를 말한다. 판례는 부동산 이중
매매에서와 달리 동산인 인쇄기를 제1매수인에게 양도하기로 하고 계약금
및 중도금을 수령하였음에도 이를 자신의 채권자인 제2매수인에게 기존 채
무 변제에 갈음하여 양도하여 동산의 이중매매가 문제된 경우 배임죄가 성
립하지 않는다는 입장을 취하고 있다(대법원 2011. 1. 20. 선고 2008도10479
전원합의체 판결).

C. 기타

부동산 소유자가 甲으로부터 금전을 차용하고 1번 저당권을 설정해주
기로 약속한 후 아직 저당권 등기가 경료되기 전 乙에게 1번 저당권을 설
정해 준 경우와 같은 부동산 이중저당 사안도 배임죄에 해당하며(대법원
2009. 9. 24. 선고 2008도9213 판결), 한편 동산을 양도담보로 제공한 후 점유
개정의 방법으로 점유하다가 다시 타인에게 양도담보로 그 동산을 제공하
고 여전히 점유개정의 방법으로 점유하는 경우 뒤의 양도담보권자인 제3자
는 처음의 담보권자인 피해자에 대하여 배타적으로 자기의 담보권을 주장

할 수 없으므로 위와 같이 이중으로 양도담보제공이 된 것만으로는 처음의
양도담보권자에게 담보권의 상실이나 담보가치의 감소 등 손해가 발생한
것으로 볼 수 없어 배임죄가 성립하지 않는다는 것이 판례의 입장이다(대법
원 1990. 2. 13. 선고 89도1931 판결).

2. 업무상배임죄

업무상 임무에 위배하여 재산상 이익을 취득하거나 제3자로 하여금 취
득하게 하고 본인에게 손해를 입힘으로써 성립하는 범죄이다(제356조). 배
임죄에 비하여 업무자라는 신분으로 형이 가중되는 가중적 구성요건이며
부진정신분범이다. 앞에서 본 업무상횡령죄와 마찬가지로 타인이 사무를
처리하는 자라는 구성적 신분과 업무자라는 가중적 신분 등 이중적 신분이
요구된다.

배임죄에서 본 논의와 업무상횡령죄에서 본 업무에 관한 부분이 그대
로 업무상배임죄에도 적용된다. 업무상배임죄의 주체가 될 수 있는 자의
행위에 타인의 사무를 처리하는 자도 아니고 업무자도 아닌 사람이 가담한
경우에는 업무상횡령죄에서 살펴본 내용과 동일하게 처리하게 된다(대법원
1999. 4. 27. 선고 99도883 판결).

3. 배임수증재죄

가. 의의

타인의 사무를 처리하는 사람이 그 임무에 관하여 부정한 청탁을 받고
재물 또는 재산상 이익을 취득하는 경우를 배임수재죄, 그 재물 또는 재산
상 이익을 공여하는 경우를 배임증재죄라고 한다(제357조). 이 규정은 공무
원에 대한 수뢰죄, 증뢰죄와 상응하는 규정이지만 뇌물죄가 요구, 약속, 수
수, 공여의 의사표시 등을 기수로 처벌하는 반면 배임수증재죄에서는 취득

과 공여행위만 기수로 처벌하고 요구, 약속, 공여의 의사표시는 미수로 처
벌하게 된다. 배임수재와 배임증재는 필요적 공범이다.

나. 배임수재죄

A. 구성요건

배임수재죄의 주체는 타인의 사무를 처리하는 자이다. 따라서 진정신
분범에 해당한다. 사무처리자의 의미에 관해서는 배임죄의 그것과 같다. 다
만 재산상 사무에 국한되지 않고 비재산적 사무도 여기에 포함된다. 대학
병원 의사(대법원 2011. 8. 18. 선고 2010도10290 판결), 방송국 프로듀서(대법
원 1991. 1. 15. 선고 90도2257 판결) 등도 배임수재죄의 주체가 될 수 있다.

배임수재죄의 객체는 재물과 재산상 이익이며, 재물과 재산상 이익의
취득은 청탁과 관련성이 있어야 하며, 현실적인 취득이 있어야 하고 단순
한 약속이나 요구만 있으면 미수에 해당하게 된다. 사회통념상 다른 사람
이 재물 또는 재산상 이익을 받은 것을 부정한 청탁을 받은 자가 직접 받은
것과 동일하게 평가할 수 있는 관계가 있으면 배임수재죄가 성립한다(대법
원 2006. 12. 22. 선고 2004도2581 판결).

배임수재죄의 행위는 임무에 관하여 부정한 청탁을 받고 재물 또는 재
산상 이익을 취득하는 것이다. 임무와 관련된 사무는 본래 위임받은 사무
이외에도 그와 밀접한 관계에 있는 사무도 포함한다(대법원 1982. 2. 9. 선고
80도2130 판결). 다만 대학편입학 업무를 담당하지 않은 교수가 편입생으로
부터 편입학과 관련된 부정한 청탁을 받고 금품을 수수했다고 하더라도 이
는 임무관련성이 없다(대법원 1999. 1. 15. 선고 98도663 판결). 부정한 청탁이
란 사무처리자로 하여금 배임행위에 이르지 않더라도 사회상규와 신의칙
에 반하는 행위를 해 줄 것을 의뢰하는 것으로, 그 청탁의 방법은 명시적이
거나 묵시적인 방법을 불문한다. 작위나 부작위도 불문한다. 청탁을 받는다
는 것은 청탁에 관하여 승낙을 한다는 것을 의미한다. 대학교수가 특정출
판사의 교재를 채택하여 달라는 청탁을 받고 교재 판매대금의 일정 비율에

해당하는 금원을 받은 경우(대법원 1996. 10. 11. 선고 95도2090 판결), 방송에서 특정 가수의 노래만을 자주 방송하여 달라는 청탁을 받은 경우(대법원 1991. 1. 15. 선고 90도2257 판결) 등은 부정한 청탁에 해당한다고 본 경우이고, 계약관계를 유지시켜 기존권리를 확보하기 위한 부탁(대법원 1985. 10. 22. 선고 85도465 판결), 규정이 허용하는 범위 내에서 최대한 선처를 바란다는 내용(대법원 1982. 9. 28. 선고 82도1656 판결) 등은 부정한 청탁에 해당하지 않는다고 한 판례 사안이다.

　주관적 구성요건으로 고의와 불법영득의사가 필요하다. 판례는 피고인이 증뢰자로부터 받은 100만 원짜리 수표 150매를 소외인을 통하여 은행에 맡기면서 누가 자기에게 일시보관을 위해 맡긴 것인데 곧 찾아 갈 돈이니 맡아달라고 하고 자발적으로 반환한 경우라면 배임수재죄에 있어서의 영득의 의사가 있었다고 단정할 수 없다고 하였다(대법원 1984. 3. 13. 선고 83도1986 판결).

B. 타죄와의 관계

　사무처리자가 부정한 청탁을 받고 배임행위에 나아간 경우에는 배임수재죄와 배임죄의 실체적 경합에 해당한다(대법원 1984. 11. 27. 선고 84도1906 판결). 여러 사람으로부터 각각 부정한 청탁을 받고 그들로부터 각각 금품을 수수한 경우 비록 그 청탁이 동종의 것이라고 하더라도 단일하고 계속된 범의 아래 이루어진 범행으로 보기 어려워 그 전체를 포괄일죄로 볼 수 없다(대법원 2008. 12. 11. 선고 2008도6987 판결).

C. 몰수 · 추징

　범인이 취득한 재물은 몰수하며, 몰수할 수 없거나 재산상 이익을 취득한 경우에는 그 가액을 추징한다(제357조 제3항). 필요적 몰수와 추징을 정하고 있다.

다. 배임증재죄

타인의 사무를 처리하는 자에게 그 임무에 관하여 부정한 청탁을 하고 재물 또는 재산상 이익을 공여하는 것을 구성요건으로 한다(제357조 제2항). 배임수재죄가 진정신분범이지만 배임증재죄는 그 주체에 제한이 없다. 배임수재죄와는 필요적 공범관계에 있다. 다만 반드시 증재자와 수재자가 같이 처벌받아야 하는 것은 아니며, 수재자에게 부정한 청탁이 되어도 증재자에게는 부정한 청탁이 될 수 없는 경우에는 배임증재죄가 성립하지 않는다(대법원 1991. 1. 15. 선고 90도2257 판결).

현실적으로 공여하여야 기수에 해당하게 되고, 공여의 의사표시 또는 그 약속만으로는 미수에 불과하다. 한편 배임증재죄를 범하고 상대방의 배임행위에 관여한 경우에는 배임증재죄 이외에 배임죄의 공범이 성립하게 된다. 배임증재의 공모공동정범이 다른 공모공동정범에 의하여 수재자에게 재물 또는 재산상 이익이 제공되는 방법을 구체적으로 몰랐다고 하더라도 공모관계를 부정할 수 없다(대법원 2015. 7. 23. 선고 2015도3080 판결).

제 7 절 장물의 죄

1. 장물죄

가. 의의와 본질

재산범죄에 의하여 영득한 재물(장물)을 취득, 양도, 운반, 보관, 알선하는 것을 내용으로 하는 범죄이다(제362조). 장물죄의 본질과 관련하여 추구권설은 피해자가 사법상 추구권을 상실하면 장물성도 상실한다는 견해로서, 불법원인급여, 시효가 완성된 물건, 피해자가 취소권, 해지권 등의 소멸로 인하여 취소, 해지할 수 없게 된 경우와 대체장물은 장물이 아니라고 보고, 장물범과 본범 사이에 합의는 필요하지 않기 때문에 장물을 절취한 경우에는 절도죄와 장물죄가 성립한다고 한다. 이와 달리 (위법상태)유지설은 형법 독자적 입장에서 파악하여, 추구권의 존재 여부와 상관없이 본범에 의하여 이루어진 위법한 재산상태를 유지하고 존속시키는 데 장물죄의 본질이 있다는 견해로서, 불법원인급여물도 장물이 되고, 장물을 절취한 경우에는 절도죄만 성립한다고 한다. 다만, 대체장물에 대하여는 본범에 의하여 영득된 재물만이 장물이라고 보기 때문에, 대체장물은 장물이 아니라고 본다. 위 양 견해를 결합하여 이해하는 결합설도 있다.

판례는 장물인 정을 모르고 보관하던 중 장물인 정을 알게 되었고, 위 장물을 반환하는 것이 불가능하지 않음에도 불구하고 계속 보관함으로써 피해자의 정당한 반환청구권 행사를 어렵게 하여 위법한 재산 상태를 유지시킨 경우에는 장물보관죄에 해당한다고 하여 결합설의 입장을 보이기도 하고(대법원 1987. 10. 13. 선고 87도1633 판결), 장물이라 함은 영득죄에 의하여 취득한 물건 그 자체를 말하는 것으로서 피해자에게 그 회복추구권이 없어진 경우에는 장물성을 잃게 된다고 할 것이라고 하여 추구권설의 입장을 보이기도 한다(대법원 1972. 2. 22. 선고 71도2296 판결).

나. 장물의 개념

장물은 재물일 것을 요한다. 따라서 재산상 이익은 장물이 될 수 없다. 판례는 권한 없이 인터넷뱅킹으로 타인의 예금계좌에서 자신의 예금계좌로 돈을 이체한 후 그 중 일부를 인출하여 그 정을 아는 자에게 교부한 경우, 컴퓨터등 사용사기죄에 의하여 취득한 예금채권은 재물이 아니라 재산상 이익이므로, 그가 자신의 예금계좌에서 돈을 인출하였더라도 장물을 금융기관에 예치하였다가 인출한 것으로 볼 수 없다는 이유로 장물취득죄의 성립을 부정하였다(대법원 2004. 4. 16. 선고 2004도353 판결). 장물의 매각대금이나 장물인 금전으로 구입한 물건과 같이 대체장물 또는 대가장물의 경우 추구권설이나 유지설 모두 장물이 아니라고 보고 있으며, 판례 역시 장물을 팔아서 얻은 돈은 장물이 아니라는 입장이다(대법원 1972. 6. 13. 선고 72도971 판결). 그런데 장물인 통화를 다른 종류의 통화로 환전하거나 수표를 현금화한 경우에는 장물성이 유지된다고 보는 것이 판례의 입장이다(대법원 2000. 3. 10. 선고 98도2579 판결). 배임행위에 제공된 물건은 배임행위로 인하여 영득한 물건 자체가 아니므로 장물죄에 해당하지 않는다(대법원 1981. 7. 28. 선고 81도618 판결).

판례는 횡령 교사를 한 후 그 횡령한 물건을 취득한 때에는 횡령교사죄와 장물취득죄의 경합범이 성립한다고 하고(대법원 1969. 6. 24. 선고 69도692 판결), 특수강도의 범행을 모의한 이상 범행의 실행에 가담하지 아니하고, 공모자들이 강취해 온 장물의 처분을 알선만 하였다 하더라도 특수강도의 공동정범이 된다 할 것이므로 장물알선죄로 의율할 것이 아니라는 입장이다(대법원 1983. 2. 22. 선고 82도3103 판결).

다. 행위

장물을 취득, 양도, 운반, 보관, 알선하는 것을 내용으로 하는데, 취득은 점유를 이전하고 처분권을 획득하는 것을 말하며 무상취득도 포함한다. 판례는 장물취득죄에서 취득이라고 함은 점유를 이전받음으로써 그 장물에 대하여 사실상의 처분권을 획득하는 것을 의미하는 것이므로 단순히 보수를 받고 본범을 위하여 장물을 일시 사용하거나 그와 같이 사용할 목적으로 장물을 건네받은 것만으로는 장물을 취득한 것으로 볼 수 없다고 하였다(대법원 2003. 5. 13. 선고 2003도1366 판결).

양도는 장물의 점유를 이전하거나 등기를 이전함으로써 사실상 소유자의 지위를 갖도록 하는 것을 말한다. 유상, 무상을 포함하며 장물인 사정을 알고 취득한 후 그 장물을 타인에게 넘긴 경우에는 장물취득죄가 성립하고 그 후의 양도행위는 불가벌적 사후행위에 해당하며, 장물양도죄가 성립하려면 장물인 사정을 모르고 취득했다가 그 후 장물인 사정을 알게 되었음에도 그 장물을 타인에게 넘긴 경우여야 한다. 판례는 금융기관 발행

의 자기앞수표는 그 액면금을 즉시 지급받을 수 있는 점에서 현금에 대신
하는 기능을 가지고 있어서 장물인 자기앞수표를 취득한 후 이를 현금 대신
교부한 행위는 장물취득에 대한 가벌적 평가에 당연히 포함되는 불가벌적
사후행위로서 별도의 범죄를 구성하지 아니한다는 입장이다(대법원 1993.
11. 23. 선고 93도213 판결).

운반은 장물을 장소적으로 이동하는 것을 말한다. 역시 유상, 무상을
포함한다. 판례는 본범자와 공동하여 장물을 운반한 경우에 본범자는 장물
죄에 해당하지 않으나 그 외의 자의 행위는 장물운반죄를 구성하므로 피고
인이 본범이 절취한 차량이라는 정을 알면서도 본범 등으로부터 그들이 위
차량을 이용하여 강도를 하려 함에 있어 차량을 운전해 달라는 부탁을 받
고 위 차량을 운전해 준 경우 장물운반죄가 되지만(대법원 1999. 3. 26. 선고
98도3030 판결), 타인이 절취, 운전하는 승용차의 뒷좌석에 편승한 것을 가
리켜 장물운반행위의 실행을 분담하였다고는 할 수 없다고 하였다(대법원
1983. 9. 13. 선고 83도1146 판결).

보관이란 위탁을 받아 장물을 자기의 점유 하에 두는 것을 말한다. 처
분권이 없다는 점에서 취득과 구별되며 유상, 무상을 불문한다. 판례는 전
당포영업자가 보석들을 전당잡으면서 인도받을 당시 장물인 정을 몰랐다
가 그 후 장물일지도 모른다고 의심하면서 소유권포기각서를 받은 행위는
장물취득죄에 해당하지 않고, 또한 전당포영업자가 대여금채권의 담보로
보석들을 전당잡은 경우에는 이를 점유할 권한이 있는 때에 해당하여 장물
보관죄 역시 성립하지 않는다고 보았다(대법원 2006. 10. 13. 선고 2004도6084
판결).

알선이란 취득, 양도, 운반, 보관을 매개하거나 주선하는 것을 말하며
유상, 무상을 불문한다. 알선에 의하여 당사자 사이에 실제로 장물의 취득,
양도, 운반, 보관에 관한 계약이 성립하지 아니하였거나 장물의 점유가 현
실적으로 이전되지 아니한 경우라고 하더라도 장물알선죄가 성립한다(대법
원 2009. 4. 23. 선고 2009도1203 판결).

라. 고의

장물죄도 고의범이므로 당연히 고의가 필요하다. 장물죄의 고의는 범인이 장물이라는 정을 알면 족하고 그 본범의 범행을 구체적으로 알아야 하는 것이 아니며 또 그 인식은 미필적 인식으로 족하다(대법원 1969. 1. 21. 선고 68도1474 판결). 또한 취득시 고의가 있어야 한다. 판례는 장물취득죄는 취득 당시 장물인 정을 알면서 재물을 취득하여야 성립하는 것이므로 재물을 인도받은 후에 비로소 장물이 아닌가 하는 의구심을 가졌다고 하여 그 재물수수행위가 장물취득죄를 구성한다고 할 수 없다고 하였다(대법원 2006. 10. 13. 선고 2004도6084 판결).

마. 타죄와의 관계

장물을 보관하다 취득한 경우에는 장물취득죄만 성립하고, 장물을 운반한 후 보관한 경우에는 운반죄만, 장물을 취득한 후 양도, 운반, 보관한 경우에는 취득죄만 성립하게 된다. 절도 범인으로부터 장물보관 의뢰를 받은 자가 그 정을 알면서 이를 인도받아 보관하고 있다가 임의 처분하였다 하여도 장물보관죄가 성립하는 때에는 이미 그 소유자의 소유물 추구권을 침해하였으므로 그 후의 횡령행위는 불가벌적 사후행위에 불과하여 별도로 횡령죄가 성립하지 않는다(대법원 2004. 4. 9. 선고 2003도8219 판결).

본범의 공동정범 상호간에 장물을 운반, 보관, 알선, 매수한 경우에도 본범 외에 장물죄는 성립하지 않고, 본범의 교사자, 방조자의 경우에는 본범의 교사, 방조 외에 별도로 장물죄가 성립하게 된다.

장물을 절취, 강취, 편취, 갈취한 경우, 추구권설에 의하면 장물죄와 절도, 강도, 사기, 공갈의 상상적 경합이 된다고 하고, 유지설에 의하면 장물죄는 성립하지 않고 절도, 강도, 사기, 공갈만 성립한다고 한다.

바. 친족상도례

장물죄를 범한 자와 피해자 사이에 직계혈족, 배우자, 동거친족, 동거가족 또는 그 배우자인 관계에 있는 경우에는 형면제(제328조 제1항), 그 외의 친족 관계인 경우에는 친고죄(제328조 제2항)가 된다. 장물죄의 재산범적 성격을 반영한 것이다. 장물죄를 범한 자와 본범 사이에 직계혈족, 배우자, 동거친족, 동거가족 또는 그 배우자인 관계에 있는 경우에는 그 형을 감경 또는 면제한다. 장물죄의 범인비호적 성격을 반영한 것으로, 본범과 친족관계가 없는 장물죄의 공범에 대하여는 형감면의 효과를 부여하지 않는다(제365조 제2항 단서).

2. 업무상과실장물죄·중과실장물죄

업무상 과실 또는 중과실에 의하여 장물을 취득, 양도, 운반, 보관, 알선함으로써 성립하는 범죄(제364조)로, 형법상 재산범죄 중 유일하게 과실이 처벌되는 것이며, 일반과실로는 처벌되지 않는다. 판례는 금은방을 운영하는 자가 귀금속류를 매수함에 있어 매도자의 신원확인절차를 거쳤다고 하여도 장물인지의 여부를 의심할 만한 특별한 사정이 있거나, 매수물품의 성질과 종류 및 매도자의 신원 등에 좀 더 세심한 주의를 기울였다면 그 물건이 장물임을 알 수 있었음에도 불구하고 이를 게을리하여 장물인 정을 모르고 매수하여 취득한 경우에는 업무상과실장물취득죄가 성립한다고 할 것이고, 물건이 장물인지의 여부를 의심할 만한 특별한 사정이 있는지 여부나 그 물건이 장물임을 알 수 있었는지 여부는 매도자의 인적사항과 신분, 물건의 성질과 종류 및 가격, 매도자와 그 물건의 객관적 관련성, 매도자의 언동 등 일체의 사정을 참작하여 판단하여야 한다고 하였다(대법원 2003. 4. 25. 선고 2003도348 판결).

3. 상습장물죄

상습으로 장물을 취득, 양도, 운반, 보관, 알선함으로써 성립하는 범죄이다(제363조). 상습성으로 인하여 형이 가중되는 형태로 부진정신분범에 해당한다.

제 8 절 손괴의 죄

1. 손괴죄

타인 소유의 재물, 문서, 전자기록 등 특수매체기록을 손괴, 은닉 기타 방법으로 효용을 해한 경우 성립하는 범죄이다(제366조). 재물의 효용 또는 이용가치가 보호법익이고 보호의 정도는 침해범이다.

본죄의 재물에는 유체물 뿐 아니라 관리할 수 있는 동력도 포함되고 (제372조), 동산, 부동산 여부도 불문한다. 문서는 사문서이든 공문서이든 불문하고 사문서의 경우 사문서위조죄(제231조)와 달리 권리, 의무, 사실증명에 관한 문서일 것을 요하지 않는다. 작성명의인이 누구인지 불문하므로 자기명의의 사문서라고 하더라도 타인소유의 사문서인 경우 본죄의 객체가 된다. 전자기록 등 특수매체기록이란 컴퓨터 등 정보처리장치나 기타 기계적 장치에 의하여 생성된 기록으로서 그 자체로는 사람이 감각적으로 인식할 수 없는 기록을 말한다. 한편 타인 소유일 것을 요건으로 하므로 자기 점유이든 타인 점유이든 타인의 단독 또는 공동소유에 속하는 것이어야 한다.

손괴란 타인의 재물 등에 직접 유형력을 행사하여 그 효용을 해하는 것을 말한다. 일시적으로 효용을 해하는 것도 포함된다. 따라서 건조물의 벽면에 낙서를 하거나 게시물을 부착하는 행위 또는 오물을 투척하는 행위 등도 제반 사정을 종합하여 사회통념에 따라 판단하게 된다(대법원 2007. 6. 28. 선고 2007도2590 판결). 문서를 손괴하는 방법에는 문서를 찢거나 내용의 일부를 말소하거나 문서의 일부를 빼는 등의 방법이 포함된다. 판례는 소유자의 의사에 따라 어느 장소에 게시 중인 문서를 소유자의 의사에 반하여 떼어내는 것과 같이 소유자의 의사에 따라 형성된 종래의 이용 상태를 변경시켜 종래의 상태에 따른 이용을 일시적으로 불가능하게 하는 경우에도 문서손괴죄가 성립할 수 있다고 하였다(대법원 2015. 11. 27. 선고 2014도13083 판결).

은닉이란 재물, 문서, 특수매체기록의 소재를 불분명하게 하여 그 발견을 곤란하게 함으로써 효용을 해하는 것을 말한다. 반드시 범인의 점유로 이전함을 요하는 것이 아니므로 피해자의 점유 하에 은닉하는 것도 포함된다. 기타의 방법으로 효용을 해한다 함은 손괴, 은닉 이외의 방법으로 효용을 해하는 일체의 행위를 말한다. 사실상 또는 감정상 그 물건의 본래 용법에 따라 사용할 수 없는 상태에 이르게 한 행위 뿐 아니라 일시 이용할 수 없는 상태로 만드는 것도 여기에 해당한다.

미수범 처벌규정이 존재하는바(제371조), 실행의 착수시기는 손괴행위를 개시한 때이고 기수시기는 효용을 해하였을 때이다. 형법상 과실손괴는 처벌하지 않으며, 친족상도례가 적용되지 않는다.

2. 공익건조물파괴죄

공익에 공하는 건조물을 파괴함으로써 성립하는 범죄이다(제367조). 공익건조물 이외의 공용건조물 등의 파괴에 관하여는 공용물파괴죄(제141조 제2항)에 별도로 규정되어 있다. 공익건조물이란 건조물의 사용목적이 공익을 위하여 사용되는 건조물을 말하며, 국가소유, 사인소유를 불문하고 타인소유는 물론 자기소유의 건조물도 객체가 된다.

파괴란 건조물의 중요부분을 손괴하여 건조물의 전부 또는 일부를 그 용도에 따라 사용할 수 없게 하는 것으로서 손괴보다 그 훼손의 정도가 큰 것이다. 본죄의 미수범은 처벌한다(제371조).

3. 중손괴죄·손괴등치사상죄

재물손괴죄와 공익건조물파괴죄를 범하여 사람의 생명 또는 신체에 위험을 발생하게 하거나 사람을 상해 또는 사망에 이르게 함으로써 성립하는 범죄이다(제368조). 중손괴죄는 사람의 생명, 신체의 위험발생에 과실이 있는 경우 뿐 아니라 고의가 있는 경우에도 성립하는 부진정결과적 가중범이며, 손괴등치사상죄는 진정결과적 가중범이다.

4. 특수손괴죄

단체 또는 다중의 위력을 보이거나 위험한 물건을 휴대하여 재물손괴죄를 범하거나 공익건조물파괴죄를 범함으로써 성립하는 범죄이다(제369조).

5. 경계침범죄

경계표를 손괴, 이동, 제거하거나 기타의 방법으로 토지의 경계를 인식불능하게 함으로써 성립하는 범죄이다(제370조). 보호법익은 토지경계의 명확성이고 보호의 정도는 침해범이다. 미수범은 벌하지 않는다.

본죄의 객체는 토지의 경계인데 이는 토지의 소유권 또는 기타 권리의 대상인 토지의 장소적 한계를 나타내는 지표를 말한다. 법률상의 정당한 권리관계와 일치하지 아니하여도 상관없다(대법원 1999. 4. 9. 선고 99도480 판결). 경계표란 권리자를 달리하는 토지의 경계를 표시하기 위하여 토지에 설치된 공작물, 입목 등의 표지를 말한다. 손괴는 경계표를 물리적으로 훼

손하는 것이며, 이동은 원래의 위치로부터 다른 장소로 옮기는 것이고, 제
거는 원래의 설치 장소로부터 취거해 버리는 것을 말한다.

　　본죄가 성립하기 위해서는 토지의 경계를 인식불능하게 하여야 한다. 판
례도 단순히 계표를 손괴하는 것만으로는 부족하고 토지의 경계를 인식불
능하게 함으로써 성립한다고 하였다(대법원 1991. 9. 10. 선고 91도856 판결).

제 9 절   권리행사방해의 죄

1. 권리행사방해죄

　　타인의 점유 또는 타인의 권리의 목적이 된 자기의 물건 또는 자기의
전자기록 등 특수매체기록을 취거, 은닉, 손괴하여 타인의 권리행사를 방
해한 경우에 성립하는 범죄이다(제323조). 객체가 자기소유 재물이라는 점
에서 타인소유 재물을 객체로 하는 절도죄, 손괴죄와 구별되고 타인 점유
하에 있는 재물을 객체로 한다는 점에서 자기점유 하에 있는 재물을 객체
로 하는 횡령죄와 구별된다. 자기소유 물건이라도 공무소로부터 보관명령
을 받거나 공무소의 명령으로 타인이 관리하는 물건인 경우에는 본죄가 성
립하지 않고 공무상보관물무효죄(제142조)가 성립한다. 판례는 주식회사의
대표이사가 대표이사의 지위에 기하여 그 직무집행행위로서 타인이 점유
하는 위 회사의 물건을 취거한 경우 위 행위는 위 회사의 대표기관으로서
의 행위라고 평가되므로 위 회사의 물건도 권리행사방해죄에 있어서의 자
기의 물건이라고 보았고(대법원 1992. 1. 21. 선고 91도1170 판결), 피고인이
피해자에게 담보로 제공한 차량이 그 자동차등록원부에 타인 명의로 등록
되어 있는 이상 그 차량은 피고인의 소유는 아니라는 이유로 피고인이 피
해자의 승낙 없이 미리 소지하고 있던 위 차량의 보조키를 이용하여 이를
운전하여 간 행위가 권리행사방해죄를 구성하지 않는다고 하거나(대법원

2005. 11. 10. 선고 2005도6604 판결), 중간생략등기형 명의신탁 또는 계약명의신탁의 방식으로 자신의 처에게 등기명의를 신탁하여 놓은 점포에 자물쇠를 채워 점포의 임차인을 출입하지 못하게 한 경우 그 점포가 권리행사방해죄의 객체인 자기의 물건에 해당하지 않는다고 한 바 있다(대법원 2005. 9. 9. 선고 2005도626 판결).

본죄의 점유는 보호법익으로서의 점유이기 때문에 형법상 보호할 가치가 있는 점유여야 하므로 절도범의 점유와 같이 점유할 권리가 없는 자의 점유임이 명백한 경우에는 본죄의 점유에 해당하지 않는다(대법원 1994. 11. 11. 선고 94도343 판결). 그러나 점유의 발생원인이나 사법상의 효력유무 등은 문제되지 않는다.

취거란 점유자 또는 권리자의 의사에 반하여 재물의 점유를 자기 또는 제3자에게 옮기는 것으로, 점유자의 하자 있는 의사에 의하여 점유를 이전받은 경우에는 여기의 취거에 해당하지 않는다(대법원 1988. 2. 23. 선고 87도1952 판결). 은닉이란 소재의 발견을 불가능하게 하거나 현저하게 곤란한 상태에 두는 것을 말하고, 손괴란 물건의 전부 또는 일부에 대하여 물질적으로 훼손하거나 기타 방법으로 그 이용가치를 해하는 것을 말한다.

권리행사를 방해한다는 것은 타인의 권리행사가 방해될 우려가 있는 상태에 이른 것을 말하며 현실적으로 권리행사가 방해되었음을 요하지 않는다. 따라서 추상적 위험범이다. 한편 본죄에 대하여는 친족간 범행규정이 적용된다(제328조).

2. 점유강취·준점유강취죄

폭행 또는 협박으로 타인의 점유에 속하는 자기의 물건을 강취하거나 타인의 점유에 속하는 자기의 물건을 취거함에 당하여 탈환을 항거하거나 체포를 면탈하거나 죄적을 인멸할 목적으로 폭행 또는 협박을 함으로써 성립하는 범죄이다(제325조). 점유강취죄(제325조 제1항)는 행위객체를 제외하면 강도죄와 구조가 동일하다. 준점유강취죄(제325조 제2항)도 행위객체를 제외하면 준강도죄와 구조가 같다. 폭행과 협박은 강도죄나 준강도죄의 그 것과 마찬가지로 상대방의 항거를 불가능하게 할 정도를 요한다. 본죄의 미수범은 처벌한다(제325조 제3항).

3. 중권리행사방해죄

점유강취죄, 준점유강취죄를 범하여 사람의 생명에 대한 위험을 발생 하게 함으로써 성립하는 범죄이다(제326조). 사람의 생명에 대한 구체적 위 험이 발생해야 성립하는 구체적 위험범이고, 사람의 생명에 대한 위험발생 에 과실이 있을 때 뿐 아니라 고의가 있을 때에도 성립하는 부진정결과적 가중범이다. 본죄의 주체는 점유강취죄, 준점유강취죄의 기수, 미수를 불문 한다.

4. 강제집행면탈죄

강제집행을 당할 위험이 있는 상태에서 재산을 은닉하거나 손괴하거 나, 허위로 양도하거나, 허위로 채무를 부담하여 채권자를 해하는 경우 성 립하는 범죄이다(제327조).

본죄의 객체는 재산으로 강제집행의 대상이 되는 재산이 되어야 하므 로 채무자의 재산에 국한되며(대법원 2008. 9. 11. 선고 2006도8721 판결), 명 의신탁자는 그 매매계약에 의해서는 당해 부동산의 소유권을 취득하지 못 하게 되어, 결국 그 부동산은 명의신탁자에 대한 강제집행이나 보전처분의 대상이 될 수 없다(대법원 2009. 5. 14. 선고 2007도2168 판결). 객관적으로 강 제집행을 당할 구체적인 위험이 있는 상태에 있음을 요한다(대법원 1999. 2. 12. 선고 98도2474 판결). 여기의 강제집행이란 민사집행법상 강제집행 또는 가압류, 가처분을 의미하며 국세징수법상 체납처분에 의한 강제집행, 몰수

나 추징 등의 강제집행, 과태료나 과징금 등의 강제집행 등은 여기의 강제
집행에 해당하지 않는다. 한편 채권자의 채권이 금전채권이 아니라 토지
소유자로서 그 지상 건물의 소유자에 대하여 가지는 건물철거 및 토지인도
청구권인 경우라면, 채무자인 건물 소유자가 제3자에게 허위의 금전채무를
부담하면서 이를 피담보채무로 하여 건물에 관하여 근저당권설정등기를
경료하였다는 것만으로는 직접적으로 토지 소유자의 건물철거 및 토지인
도청구권에 기한 강제집행을 불능케 하는 사유에 해당한다고 할 수 없으므
로 건물 소유자에게 강제집행면탈죄가 성립한다고 할 수 없다는 것이 판례
의 입장이다(대법원 2008. 6. 12. 선고 2008도2279 판결).

    강제집행을 당할 구체적 위험이 있는 상태란 채권자가 가압류, 가처분
신청을 한 경우나 소제기 또는 지급명령을 신청한 사실이 없더라도 채권확
보를 위하여 소송을 제기할 기세를 보이는 것으로도 강제집행을 받을 객관
적인 상태로 인정된다(대법원 1998. 9. 8. 선고 98도1949 판결).

    재산의 은닉이란 강제집행권자에 대하여 재산의 발견을 불가능하게
하거나 곤란하게 하는 것을 말한다. 재산 소재를 불분명하게 하거나 그 소
유관계를 불명하게 하는 경우에도 은닉에 해당한다. 판례는 사업장의 유체
동산에 대한 강제집행을 면탈할 목적으로 사업자 등록의 사업자 명의를 변
경함이 없이 사업장에서 사용하는 금전등록기의 사업자 이름만을 변경한
경우 강제집행면탈죄에 있어서 은닉에 해당한다고 하였다(대법원 2003. 10.
9. 선고 2003도3387 판결). 손괴란 재물을 물질적으로 훼손하거나 재산의 가
치를 감소시켜 효용을 해하는 일체의 행위를 말하며, 허위양도란 실제 재
산의 양도가 없음에도 양도한 것으로 가장하여 재산의 명의를 변경하는 것
을 말한다. 허위양도의 경우 유상, 무상을 불문하며 진실한 양도는 이 죄를
구성하지 않는다. 허위채권의 담보로서 부동산 소유권이전등기를 하는 경
우가 여기의 허위양도에 해당한다(대법원 1982. 12. 14. 선고 80도2403 판결).
허위의 채무부담이란 채무가 없음에도 제3자에게 채무를 부담하는 것처럼
가장하는 것을 말한다.

재산의 은닉 등의 행위를 하여 채권자를 해하는 것이어야 하는데, 채권자의 권리를 해할 위험이 있으면 족하고 현실적으로 침해되었음을 요하지 않는다(대법원 1999. 2. 12. 선고 98도2474 판결).

본죄는 목적범으로 강제집행을 면할 목적이 있어야 한다. 목적이 있었다면 그 목적달성 여부는 불문한다. 타인의 재물을 보관하는 자가 보관하고 있는 재물을 영득할 의사로 은닉하였다면 이는 횡령죄를 구성하는 것이고 채권자들의 강제집행을 면탈하는 결과를 가져온다 하여 이와 별도로 강제집행면탈죄를 구성하는 것은 아니다(대법원 2000. 9. 8. 선고 2000도1447 판결).

제2장

생명에 관한 죄

제1절 살인의 죄

형법전의 각칙 제24장 [살인의 죄]는 사람의 생명을 보호법익으로 하는 범죄를 말하는데, 보통살인죄(제250조 제1항)를 기본 구성요건으로 하여 객체에 따라 형을 가중 또는 감경하는 존속살해죄(제250조 제2항)와 영아살해죄(제251조), 행위태양에 따라 촉탁·승낙에 의한 살인죄(제252조 제1항), 자살관여죄(제252조 제2항), 위계·위력에 의한 살인죄(제253조) 등으로 이루어져 있다. 또한 미수범과 예비·음모를 처벌하고, 자격정지를 병과할 수 있도록 규정하고 있다.

1. 보통살인죄

가. 주체와 객체

살인죄(제250조 제1항)의 주체에는 제한이 없다. 살인죄의 객체는 사람, 즉 생명 있는 자연인으로서, 범행 당시 살아 있는 사람이기만 하면 예컨대, 빈사상태에 있는 환자, 기형아, 불구자, 사형확정판결을 받은 자, 자살중인

자 등도 살인죄의 객체가 된다. 다만 본죄의 객체는 범인 이외의 사람, 즉 '타인'에 한하므로, 자살은 범죄가 되지 않는다.

사람의 시기와 관련해서는 ① 진통설, ② 일부노출설, ③ 전부노출설, ④ 독립호흡설 등이 대립한다. 민법은 권리능력의 유무와 관련하여 법률관계의 명확성과 안정성을 위해 전부노출설을 취하고 있으나, 형법은 사람의 '생명보호'를 그 목적으로 하므로 보호시기를 가장 앞당길 수 있는 진통설이 타당하다.

사람의 종기와 관련해서는, ① 호흡종지설, ② 맥박종지설 등이 대립하나, 「장기등 이식에 관한 법률(약칭: 장기이식법)」은 제4조 제5호에서 '뇌사판정기준 및 뇌사판정절차에 따라 뇌 전체의 기능이 되살아날 수 없는 상태로 정지되었다고 판정된 사람'을 '뇌사자'로 정의하면서, 이러한 뇌사자를 '살아있는 사람'의 범주에서 제외시키고 있다.

나. 행위와 결과

구성요건행위로서 '살해'란 사람의 생명을 고의로 단절시킴으로써 사망의 결과를 초래하는 것으로 그 수단과 방법에는 제한이 없다. 살인죄는 침해범으로서 행위와 인과관계가 있고, 객관적으로 귀속가능한 사망의 결과가 발생한 때에 기수가 된다.

다. 주관적 구성요건

살인죄는 객관적 구성요건요소에 대한 인식 및 인용, 즉 고의가 있어야 성립한다. 즉 '살아있는 사람'이라는 객체에 대한 인식과 자신의 행위로 인하여 사망의 결과가 초래될 수 있다는 인식 및 인용이 있어야 한다.

라. 위법성

안락사는 크게 적극적 안락사와 소극적 안락사로 나뉘는데, 생명을 단축시키지 않고 오로지 고통을 제거하거나 감경시킬 뿐인 소극적 안락사는 적법한 치료행위로서 살인죄의 구성요건해당성 자체가 인정되지 않는다.

다만 생명을 단축시키는 적극적 안락사의 위법성과 관련해서는 견해가 대립하는데, 다수설은 ① 현대의학의 견지에서 보아 불치의 병으로 사기가 임박하였고, ② 육체적 고통이 극심하며, ③ 본인 및 보호자의 명시적으로 진지한 촉탁·승낙이 있고, ④ 그 목적이 오로지 환자의 고통을 제거 또는 완화하는 데 있으며, ⑤ 그 시행방법이 의사에 의해 윤리적으로 상당한 방법에 의해 시행된 경우에 한하여 정당행위로서 위법성을 조각시킬 수 있다고 본다.

2. 존속살해죄

존속살해죄(제250조 제2항)는 '자기 또는 배우자의 직계존속'이라는 행위객체의 특수성으로 인해 행위자가 특수한 신분을 갖추게 됨에 따라 형이 가중되는 구성요건으로서, 부진정신분범죄에 해당한다.

가. 객체

형법 제250조 제2항의 '직계존속'은 법률상 개념으로서 행위 당시의 민법에 의해 규정된다. 따라서 사실상 혈족관계가 있더라도 법적 인지절차를 완료하지 않은 경우에는 직계존속이 될 수 없는 반면, 혈족은 아니지만 일단 합법절차에 의해 입양관계가 성립했다면 직계존속에 해당한다. 대법원도 "피살자(여)가 그의 문전에 버려진 영아인 피고인을 주워다 기르고 그 부와의 친생자인 것처럼 출생신고를 하였으나 입양요건을 갖추지 아니하였다면 피고인과의 사이에 모자관계가 성립될 리 없으므로, 피고인이 동녀를 살해하였다고 하여도 존속살인죄로 처벌할 수 없다(대법원 1981. 10. 13. 선고 81도2466 판결)"고 판시한 바 있다.

한편 존속살해죄의 '존속'에는 자기의 존속 이외에 배우자의 존속도 포함되는데, 여기서 '배우자'란 민법상 적법한 혼인절차를 거친 자만을 의미한다. 따라서 사실혼관계에 있는 상대방은 포함되지 않는다. 다만 사망한 배우자의 존속도 존속살해죄의 '존속'에 포함되는지에 관해서는 견해가 대립하나, 법률상 개념이라는 점을 고려한다면 보통살인죄를 인정하는 것이 타당하다. 동일한 논리에서 실질적으로 이혼상태이고 형식적인 법적 절차만 남은 경우에도 아직까지는 여전히 법적 배우자이므로 존속살해죄가 인정된다.

다만 신분관계는 실행착수시점에 존재하면 족하므로, 예컨대 배우자를 살해하고 동일한 기회에 계속하여 배우자의 존속까지 살해한 경우에는 존속살해죄가 성립한다.

나. 사실의 착오 및 공범의 성부

존속살해죄 역시 고의범이므로 객체가 존속임을 인식·인용해야 한다. 만약 존속에 대한 인식이 없었다면, 형법 제15조 제1항에 따라 보통살인죄가 성립한다.

한편 존속살해죄는 부진정신분범이기 때문에, ① 신분자의 범행에 비신분자가 가담한 경우(예컨대, 甲이 乙을 교사하여 乙의 父를 살해한 경우), 부진정신분범에 있어서 공범의 성립과 처벌에 대해서는 제33조 단서가 적용된다고 보는 통설에 따르면 乙에게는 존속살인죄가, 甲에게는 보통살인죄의 교사범이 성립하고, 공범의 성립과 과형에 관해서는 본문이 적용되고, 다만 부진정신분범의 공범처벌에 한하여 단서가 적용된다고 보는 판례에 따르면 甲에게는 존속살해죄의 교사범이 성립하지만, 단서에 따라 보통살인죄로 처벌된다.

그러나 반대로 ② 비신분자의 범행에 신분자가 가담한 경우(예컨대, 甲이 乙에게 자신(甲)의 父를 살해토록 교사한 경우)에 관해서는 제33조 단서의 적용 여부를 둘러싸고 견해가 대립하는데, 이를 유추적용하여 책임개별화를 취하는 입장은 乙에게는 보통살인죄, 甲에게는 존속살해죄의 교사범을 인정하는 데 반하여, 이 경우는 제33조의 적용범위가 아니므로 유추적용을 부정하는 입장은 공범종속성 원칙에 따라서 甲에게 보통살인죄의 교사범을 인정한다.

3. 영아살해죄

영아살해죄(제251조)는 주체인 '직계존속'와 객체인 '분만중 또는 분만 직후의 영아'의 특수한 관계로 인해 형이 감경된다는 점에서 감경적 신분이 문제되는 부진정신분범이다. 다만 신분으로 인한 형의 감경은 '치욕을 은폐하기 위하거나 양육할 수 없음을 예상하거나 특히 참작할 만한 동기'가 있는 경우에 국한된다는 점에서 특수성을 갖는다.

가. 주체와 객체

본죄의 주체는 '직계존속'이고, 이는 객체와의 특수한 관계로 인하여 형이 감경되는 감경적 신분에 해당한다. 하지만 영아살해죄의 객체가 '분만 중 또는 분만 직후의 영아'이고, 사람의 생명보호를 위해 사람의 시기와 관련하여 (민법과 달리) 진통설을 취하고 있다는 점을 고려한다면, 보통살인죄에 비해 감경되는 영아살해죄는 제한적으로 해석할 필요가 있다. 따라서 본죄의 주체는 출산으로 인하여 비정상적인 정신상태에 있는 산모로서, 법이 규정한 동기로 인해 영아를 살해한 경우로 한정하는 것이 입법론적으로 바람직하다.

본죄의 객체는 '분만중 또는 분만직후의 영아'인데, 여기서 '분만중'이란 태아가 출산을 위한 주기적 압박진통이 시작된 이후부터 분만이 완료된 때까지를 의미하고, '분만직후'란 분만으로 생긴 흥분상태가 계속되는 동안을 의미한다.

나. 주관적 구성요건요소로서의 동기

영아살해죄가 성립하기 위해서는 주관적 구성요건요소로서 고의 이외에 특수한 '동기'가 추가적으로 요구된다. 즉 ① 치욕은폐(예컨대, 성범죄로 인한 출산) ② 양육불가능(예컨대, 극빈한 가정경제), ③ 기타 참작할 만한 동기(예컨대, 질환, 불구, 기형 등으로 인해 생육가능성이 없는 경우)가 이에 해당한다.

4. 촉탁·승낙에 의한 살인죄

촉탁·승낙에 의한 살인죄(제252조 제1항)는 객체의 촉탁 또는 승낙을 받아 살해하는 것으로 보통살인죄에 비해 형이 감경되는 구성요건이다. 비록 당사자의 촉탁 또는 승낙을 받았다하더라도 생명이라는 법익의 처분은 허용되지 않는다.

가. 촉탁 또는 승낙

촉탁은 죽음을 결의한 피해자로부터 그 실행을 의뢰받는 것을 말하며, 승낙은 살인의 고의를 가지고 있는 행위자가 피해자의 동의를 얻는 것을 말한다. 따라서 촉탁 이전에 행위자가 이미 살인의 고의를 가지고 있었던 경우나 기망에 의하여 승낙을 받아낸 경우 등은 이에 해당하지 않는다.

또한 본죄의 촉탁 또는 승낙은 죽음의 의미를 이해할 수 있는 정신능력을 가진 피해자 자신의 진지한 의사표시이어야 한다. 따라서 일시적 기분에 따른 의사표시 내지 농담은 진지한 의사표시라 볼 수 없고, 연소자나 정신병자와 같이 죽음의 의미를 이해하지 못하는 자의 의사표시 역시 본죄의 촉탁 또는 승낙에 해당하지 않는다.

나. 주관적 구성요건요소

본죄가 성립하기 위해서는 고의의 내용에 촉탁 또는 승낙에 대한 인식·인용이 있어야 한다. 따라서 촉탁 또는 승낙이 있다고 생각하고 살해하였으나 그렇지 않았던 경우에는 형법 제15조 제1항에 따라 감경구성요건인

본죄가 성립한다. 하지만 반대로 살인의 고의로 살해하였으나 사실은 피해
자의 촉탁 또는 승낙이 있었던 경우에 관해서는 ① 보통살인죄 기수설, ②
보통살인죄 미수설, ③ 촉탁·승낙살인죄설 등이 대립한다.

5. 자살관여죄

자살은 형법상 구성요건해당성이 없어 범죄가 되지 않는다. 따라서 총
칙상 공범규정에 따르면 자살의 교사 또는 방조는 처벌할 수 없다고 해야
한다. 그러나 스스로 자살하는 행위와 타인의 자살에 관여하는 행위는 가
별성 측면에서 구별되고, 형법은 자살관여행위를 처벌하기 위해 특별한 규
정을 두고 있다(제252조 제2항).

가. 자살의 교사 또는 방조

관여행위로서 자살교사는 자살의 의사가 없는 자에게 자살의사를 갖게
하는 것을 말하며, 자살방조는 자살하려는 사람의 자살행위를 도와주어 용
이하게 실행하도록 하는 것을 말한다. 양자는 자살자의 의사형성에 직접 관
여하였는지에 따라 구별되는데, 그 수단과 방법에는 제한이 없다. 대법원도
자살방조죄와 관련하여 "형법 제252조 제2항의 자살방조죄는 자살하려는
사람의 자살행위를 도와주어 용이하게 실행하도록 함으로써 성립되는 것으
로서, 그 방법에는 자살도구인 총, 칼 등을 빌려주거나 독약을 만들어 주거
나, 조언 또는 격려를 한다거나 기타 적극적, 소극적, 물질적, 정신적 방법
이 모두 포함된다(대법원 1992. 7. 24. 선고 92도1148 판결)"고 판시한 바 있다.

나. 미수범의 범위와 처벌

형법 제254조의 미수영역에는 ① 자살을 교사·방조하여 자살자가 자
살을 시도하였으나 실패하여 사망하지 않은 경우가 포함된다. 다만 ② 자
살을 교사·방조하였으나 피교사(방조)자가 애초에 자살의 의사를 갖지 않

은 경우까지 미수범에 포함되는지에 관해서는 찬반론이 대립한다. 하지만 본죄의 구성요건행위는 자살에의 관여(교사 · 방조)행위이기 때문에, 관여행위가 객관적으로 존재하는 이상 자살의사의 형성유무나 자살결과의 발생 여부와 관계없이 미수범이 성립한다고 보는 것이 타당하다.

6. 위계 · 위력에 의한 살인죄

본죄(제253조)에서 위계란 목적 또는 수단을 상대방에게 알리지 않은 채, 상대방의 부지와 착오를 이용하여 목적을 달성하는 것을 말하는데, 예컨대 합의동사할 의사가 없으면서도 있는 것처럼 속여 상대방으로 하여금 자살케 하는 경우가 이에 해당한다. 반면 위력이란 유형 · 무형의 힘(사회적 · 경제적 지위 등)을 사용하여 상대방의 의사를 제압하여 촉탁 또는 승낙을 받아 내거나 자살케 하는 경우를 말한다.

또한 처벌은 '제250조의 예에 의한다'고 규정되어 있으므로, 객체가 직계존속인 경우에는 제250조 제2항의 존속살해죄에 의해 처벌된다.

7. 살인예비 · 음모죄

예비가 범죄실행을 위한 물적 준비를 의미한다면, 음모는 2인 이상이 범죄실행을 모의하는 인적 준비를 말한다. 그리고 살인예비 · 음모죄(제255조)가 성립하기 위해서는 ① 기본 구성요건요소에 대한 고의가 있고, ② 인적 · 물적 준비(예비 · 음모)행위가 객관적으로 존재하며, ③ 실행의 착수에 이르지 않아야 한다.

8. 미수범의 처벌 및 자격정지형의 병과

형법 제254조는 모든 유형의 살인의 죄(전4조)에 대하여 미수를 처벌하고, 형법 제256조는 제250조, 제252조, 제253조와 관련하여 유기징역을 선고할 때에는 10년 이하의 자격정지를 병과할 수 있도록 규정하고 있다.

제3장

신체에 관한 죄

상해와 폭행의 죄는 사람의 신체를 보호법익으로 하는 범죄이다. 먼저 상해의 죄는 제257조 제1항의 상해죄를 기본 구성요건으로 하여 존속상해죄(제257조 제2항), 중상해죄(제258조 제1항, 제2항), 존속중상해죄(제258조 제3항), 상해치사죄(제259조), 상습상해죄(제264조)로 이루어져 있다. 한편 폭행의 죄는 제260조 제1항의 폭행죄를 기본 구성요건으로 하여, 존속폭행죄(제260조 제2항), 상습폭행죄(제264조), 특수폭행죄(제261조), 폭행치사상죄(제262조) 등의 가중 구성요건으로 규정되어 있다.

한편 특별법인 「폭력행위 등 처벌에 관한 법률(약칭: 폭력행위처벌법)」 제2조 제2항은 2명 이상이 공동하여 폭행·존속폭행, 상해·존속상해의 죄를 범한 자에 대하여 「형법」에서 정한 형의 2분의 1까지 가중하는 규정을 두고 있으며, 가정구성원 간의 상해·폭행에 대해서는 「가정폭력범죄의 처벌 등에 관한 특례법」이 적용된다.

제 1 절 상해의 죄

1. 객체

기본 구성요건인 단순상해죄(제257조 제1항)의 객체는 '타인의 신체'로서, 자상행위는 병역법 및 군형법에 의해 처벌될 뿐, 형법에서는 범죄가 되지 않는다. 다만, 그 타인이 자기 또는 배우자의 직계존속인 경우에는 존속상해죄가 성립하고 신분관계로 인하여 형이 가중된다(제257조 제2항).

한편 태아가 본죄의 객체에 포함되는지에 관해서는, 대법원은 "현행 형법이 사람에 대한 상해 및 과실치사상의 죄에 관한 규정과는 별도로 태아를 독립된 행위객체로 하는 낙태죄, 부동의 낙태죄, 낙태치상 및 낙태치사의 죄 등에 관한 규정을 두어 포태한 부녀의 자기낙태행위 및 제3자의 부동의 낙태행위, 낙태로 인하여 위 부녀에게 상해 또는 사망에 이르게 한 행위 등에 대하여 처벌하도록 한 점, 과실낙태행위 및 낙태미수행위에 대하여 따로 처벌규정을 두지 아니한 점 등에 비추어 보면, 우리 형법은 태아를 임산부 신체의 일부로 보거나, 낙태행위가 임산부의 태아양육, 출산 기능의 침해라는 측면에서 낙태죄와는 별개로 임산부에 대한 상해죄를 구성하는 것으로 보지는 않는다고 해석된다. 따라서 태아를 사망에 이르게 하는 행위가 임산부 신체의 일부를 훼손하는 것이라거나 태아의 사망으로 인하여 그 태아를 양육, 출산하는 임산부의 생리적 기능이 침해되어 임산부에 대한 상해가 된다고 볼 수는 없다(대법원 2007. 6. 29. 선고 2005도3832 판결)"고 판시하고 있다.

2. 결과

상해의 의미와 관련해서는 ① 신체의 기능은 물론 외관을 변경시키는 것도 상해로 보는 완전성 침해설, ② 육체적·정신적인 병적 상태를 야기하가나 기존의 건강상태를 악화시키는 것을 상해로 이해하는 생리적 기능훼손설, ③ 생리적 기능훼손은 물론이나 외관의 변경은 중대한 경우에 한하여 상해에 포함시키는 결합설 등이 대립한다.

대법원은 업무상 과실치상죄와 관련하여 "난소의 제거로 이미 임신불능 상태에 있는 피해자의 자궁을 적출했다 하더라도 그 경우 자궁을 제거한 것이 신체의 완전성을 해한 것이 아니라거나 생활기능에 아무런 장애를 주는 것이 아니라거나 건강상태를 불량하게 변경한 것이 아니라고 할 수 없고 이는 업무상 과실치상죄에 있어서의 상해에 해당한다(대법원 1993. 7. 27. 선고 92도2345 판결)"고 판시한 바 있다.

한편 강제추행치상죄에서는 "(본죄의) 상해는 피해자의 신체의 건강상태가 불량하게 변경되고 생활기능에 장애가 초래되는 것을 말하는 것으로서, 신체의 외모에 변화가 생겼다고 하더라도 신체의 생리적 기능에 장애를 초래하지 아니하는 이상 상해에 해당한다고 할 수 없다(대법원 2000. 3. 23. 선고 99도3099 판결)"고 판시하면서, 피해자의 음모를 일부 잘라낸 행위는 (피해자에게 수치심을 야기하기는 하겠지만) 병리적으로 보아 피해자의 신체의 건강상태가 불량하게 변경되거나 생활기능에 장애가 초래되었다고 할 수는 없을 것이므로, 그것이 폭행에 해당할 수 있음은 별론으로 하고 상해에는 해당하지 않는다고 판시하였다.

한편 상해(행위)로 인하여 ① 생명에 대한 위험발생, ② 불구, ③ 불치나 난치의 질병이 발생한 경우에는 그 중한 결과로 인해 형이 가중된 중상해죄(제258조)가 성립한다. 여기서 불구라 함은 팔·다리가 절단되거나, 실명하는 경우, 혀가 절단되어 발음하기 곤란하게 된 경우 등과 같이 신체의 중요부분이 그 고유한 기능을 상실된 경우를 의미하고, 불치 또는 난치의 질병이란 의학적인 치료의 가능성이 없거나 현저히 곤란한 질병을 뜻한다.

하지만 (중상해를 넘어) 더 나아가 상해로 인하여 사망의 결과가 발생한 경우에는 결과적 가중범인 상해치사죄(제259조 제1항)가 성립하는데, (총론에서 살펴본 바와 같이) 결과적 가중범이 성립하기 위해서는 중한 결과인 사망에 대해 예견가능성 또는 과실이 있어야 한다.

3. 위법성

의사의 치료(신체침해)행위가 상해죄에 해당하는지를 두고서는, ① 상해죄의 구성요건해당성은 인정되지만, 형법 제20조의 정당행위로서 위법성이 조각된다는 견해, ② 치료를 목적으로 하는 의사행위는 상해와는 본질적으로 다르므로 상해죄의 구성요건해당성 자체가 없다는 견해, ③ 신체침해를 동반하는 치료의 경우에는 환자의 동의가 의료절차상 정착됨에 따라 이를 형법 제24조의 피해자의 승낙으로 보아 위법성이 조각된다고 보는 견해가 대립한다.

이와 관련하여 대법원은 "의사가 인공분만기인 '샥숀'을 사용하면 통상 약간의 상해정도가 있을 수 있으므로 그 상해가 있다하여 '샥숀'을 거칠고 험하게 사용한 결과라고는 보기 어려워 의사의 정당업무의 범위를 넘은 위법행위라고 할 수 없다(대법원 1978. 11. 14. 선고 78도2388 판결)"고 판시함으로써 정당행위로 평가하는 한편, "산부인과 전문의 수련과정 2년차인 의사가 자신의 시진, 촉진결과 등을 과신한 나머지 초음파검사 등 피해자의 병증이 자궁외 임신인지, 자궁근종인지를 판별하기 위한 정밀한 진단방법을 실시하지 아니한 채 피해자의 병명을 자궁근종으로 오진하고 이에 근거하여 의학에 대한 전문지식이 없는 피해자에게 자궁적출술의 불가피성만을 강조하였을 뿐 위와 같은 진단상의 과오가 없었으면 당연히 설명받았을 자궁외 임신에 관한 내용을 설명받지 못한 피해자로부터 수술승낙을 받았다면 위 승낙은 부정확 또는 불충분한 설명을 근거로 이루어진 것으로서 수술의 위법성을 조각할 유효한 승낙이라고 볼 수 없다(대법원 1993. 7. 27. 선고 92도2345 판결)"라고 판시함으로써, 피해자 승낙의 관점에서 판시한 바도 있다.

4. 상해죄의 동시범 특례

'동시범'이란, 2인 이상이 의사 연락 없이 개별적으로 동시에 또는 근접한 시간에 범죄를 실행하는 것을 말하는데, 이는 본질상 독립행위의 경합으로 보아 형법 제19조에 따라 결과발생에 원인된 행위가 판명되지 아니한 때에는 각 행위의 미수범으로 처벌하는 것이 원칙이다. 하지만 형법 제263조는 상해죄의 동시범에 대해 제19조에 대한 특례를 인정한다. 즉 독립행위가 경합하여 상해의 결과가 발생한 경우에 있어서 원인된 행위가 판명되지 아니한 때에는 (미수범이 아니라) 공동정범의 예에 따른다고 규정하고 있다. 여기서 '공동정범의 예에 의한다' 함은 독립행위별로 결과와의 인과관계 및 귀속판단을 개별적으로 하지 않고, (독립행위이기 때문에 비록 의사연락에 의한 공동의 범행결의는 없지만) 마치 공동정범에서처럼 독립행위들 전체를 하나의 행위로 보고 여기에 상해의 결과를 귀속시킴으로써 독립행위자 각자를 상해죄의 기수(정)범으로 처벌한다는 것을 의미한다. 이 규정의 위헌여부에 관하여 헌법재판소는 검사가 실제로 발생한 상해를 야기할 수 있는 구체적인 위험성을 가진 가해행위의 존재를 입증하여야 하므로 이를 통하여 상해의 결과에 대하여 아무런 책임이 없는 피고인이 심판대상조항으로 처벌되는 것을 막을 수 있고, 피고인도 자신의 행위와 상해의 결과 사이에 개별 인과관계가 존재하지 않음을 입증하여 상해의 결과에 대한 책임에서 벗어날 수 있고, 법관은 피고인이 가해행위에 이르게 된 동기, 가해행위의 태양과 폭력성의 정도, 피해 회복을 위한 피고인의 노력 정도 등을 모두 참작하여 피고인의 행위에 상응하는 형을 선고하므로, 가해행위자는 자신의 행위를 기준으로 형사책임을 부담하므로 책임주의원칙에 반한다고 볼 수 없다고 하였다(헌법재판소 2018. 3. 29. 2017헌가10).

한편 상해죄의 동시범 특례규정은 독립행위의 경합에 관하여 원칙규정인 제19조에 비하여 가벌성이 확장된다는 점에서 '상해의 결과를 발생시킨 경우'에만 제한적으로 적용하는 것이 타당하다. 하지만 대법원은 당연히 특례규정이 적용되는 상해죄와 폭행치상죄 이외에도 사망의 결과가 발생한 상해치사(대법원 1985. 5. 14. 선고 84도2118 판결)와 폭행치사(대법원 1970. 6. 30. 선고 70도991 판결)에 대해서도 제263조의 특례를 적용하는 한편, 강간치상죄(대법원 1984. 4. 24. 선고 84도372 판결)와 강도치상죄에 대해서는 상해 · 폭행죄와 그 보호법익이 다르다는 이유로 특례를 적용하지 않은 바 있다.

제 2 절 폭행의 죄

1. 단순폭행 및 특수폭행

가. 형법상 폭행의 유형

일반적으로 폭행은 유형력, 즉 물리력을 행사하는 것을 말하는데, 형법에 있어서 폭행의 개념은 객체의 성질에 따라 크게 4가지로 구분된다. ① [최광의의 폭행]은 객체(사람 또는 물건)를 불문하고 일체의 유형력 행사를 의미하는데, 소요죄(제115조), 다중불해산죄(제116조)의 폭행이 이에 해당한다. ② [광의의 폭행]은 사람에 대한 직 · 간접적인 유형력 행사를 말하는데, 공무집행방해죄(제115조), 특수도주죄(제146조), 강요죄(제324조)의 폭행이 여기에 포함된다. ③ [협의의 폭행]은 사람의 신체에 대한 유형력 행사로서 폭행죄(제260조)가 이에 해당한다. ④ [최협의의 폭행]은 상대방의 반항을 불가능하게 하거나 또는 현저히 곤란하게 할 정도의 유형력 행사를 의미하는데, 강간죄(제297조), 강도죄(제333조)의 폭행이 여기에 해당한다.

대법원은 신체에 대한 유형력 행사를 의미하는 본죄의 폭행과 관련하여, 신체상 가해의 결과를 야기하거나, 육체적 고통을 수반해야 하는 것도 아니므로 수차례 반복된 폭언(대법원 1956. 12. 12. 선고 4298형상297 판결)도 이에 해당한다고 보았다. 이러한 법리에 따르면, 뺨을 때리거나 침을 뱉는 행위, 모발이나 수염을 자르는 행위, 신체를 향해 돌을 던졌으나 명중하지 않은 경우 등도 폭행죄의 폭행에 해당한다. 다만, 대법원은 남의 집 앞마당에 인분봉지를 던진 경우(대법원 1977. 2. 8. 선고 76도2673 판결)나 잠긴 문을 발로 찬 행위(대법원 1991. 1. 29. 선고 90도2153 판결), 시비를 만류하는 과정에서 팔을 2~3회 당긴 행위(대법원 1986. 10. 14. 선고 86도1796 판결)에 대해서는 폭행죄의 폭행에 해당하지 않는다고 판시한 바 있다.

나. 특수폭행

형법 제261조는 집단의 위력에 의하거나 위험한 물건을 휴대하여 단순폭행 또는 존속폭행을 한 경우, 이를 특수폭행이라 하여 행위방법의 위험성을 근거로 가중처벌한다.

여기서 '단체'란 공동목적을 가진 다수의 자연인이 계속적으로 결합한 조직체로서, 그 구성원의 수는 위력을 가질 수 있는 정도의 다수이면 족하고, 현실적으로 동일장소에 집결해 있을 필요는 없으며, 연락에 의해 집합할 가능성이 있으면 충분하다. 그리고 '다중'은 단체를 이루지 못한 다수의 자연인이 단순히 집합을 의미한다는 점에서 단체와 구별된다. 한편 단체 또는 다중의 '위력을 보인다' 함은 사람의 의사를 제압할 만한 세력을 상대방에게 인식시키는 것으로서, 상대방의 의사가 현실적으로 제압될 것까지 요하지는 않는다.

본죄의 '위험한 물건'이란, 사람의 생명·신체의 해를 가하는 데 이용될 수 있는 일체의 물건으로서, 그 본래의 성질이 살상을 위한 것뿐만 아니라, 구체적인 사용례에 따라 일반인이 위험을 느낄 수 있는 모든 물건이 포함된다. 대법원도 "위험한 물건이라 함은 흉기는 아니라고 하더라도 널리 사람의 생명, 신체에 해를 가하는 데 사용할 수 있는 일체의 물건을 포함한다고 풀이할 것이므로, 본래 살상용·파괴용으로 만들어진 것뿐만 아니라 다른 목적으로 만들어진 칼·가위·유리병·각종공구·자동차 등은 물론 화학약품 또는 사주된 동물 등도 그것이 사람의 생명·신체에 해를 가하는 데 사용되었다면(대법원 1997. 5. 30. 선고 97도597 판결)" 위험한 물건에 해당한다고 판시하고 있다.

다만 본조에는 '휴대하여'라고 규정하고 있어 '동산'에만 한정되는지 문제되는데, 대법원은 "물건을 '휴대하여'라는 말은 소지뿐만 아니라 널리 이용한다는 뜻도 포함(대법원 1997. 5. 30. 선고 97도597 판결)"고 판시함으로써, 몸에 지닌다는 휴대의 본래적 의미를 '이용'으로까지 확장하고 있다.

2. 폭행치사상죄

본죄는 단순폭행 또는 특수폭행의 죄를 범하여 사람을 사상에 이르게 하는 경우 설립하는 결과적 가중범으로서, 폭행의 고의와 치사상의 결과에 대한 예견가능성이 있어야 한다.

3. 상습범

본죄는 상습으로 상해죄·존속상해죄·중상해죄·존속중상해죄, 폭행죄·존속폭행죄·특수폭행죄를 범한 때에 성립한다. 여기서 '상습범'이라 함은 어느 기본적 구성요건에 해당하는 행위를 한 자가 그 범죄행위를 반복하여 저지르는 습벽, 즉 상습성이라는 행위자적 속성을 갖추었다고 인정되는 경우에 이를 가중처벌 사유로 삼고 있는 범죄유형을 가리킨다(대법원 2004. 9. 16. 선고 2001도3206 전원합의체 판결).

제 3 절   과실치사상의 죄

1. 과실치상죄

본죄는 과실로 인하여 사람을 상해에 이르게 함으로써 성립하는 범죄이다(제266조). 따라서 상해의 결과에 대해서는 과실, 즉 행위자에게 결과를 회피해야 할 주의의무가 있음에도 이를 태만히 한 위반이 있어야 한다.

2. 과실치사죄

본죄는 과실로 인하여 사람을 사망케 한 경우에 성립하는데(제267조), 만약 사망의 원인된 폭행 내지 상해에 대한 인식·인용이 있었다면, 폭행치사죄 내지 상해치사죄가 성립하고, 본죄는 별도로 성립하지 않는다.

3. 업무상과실·중과실치사상죄

업무상과실치사상죄(제268조)는 업무자라는 신분으로 인하여 형이 가중되는 구성요건인데, 여기서 '업무'란 일반적으로 ① 행위자의 사회생활상의 지위에 기한 것으로서, ② 반복적·계속적으로 행해지면 족하고, ③ 그 업무에 대한 각별한 경험이나 법규상의 면허를 요하지 않으며, 반드시 영리를 목적으로 할 필요도 없고, ④ 업무의 부적법 또는 위법 여부도 불문한다. 예컨대, 자동차를 계속·반복적으로 운전한 이상, 오락을 위한 운전이든, 무면허자의 운전이든 모두 본죄의 업무에 해당한다.

한편 중과실치사상죄는 중대한 과실로 사람을 사상케 한 범죄를 말하는데, 여기서 '중과실'이란 주의의무위반의 정도가 현저한 경우, 즉 조금만 주의를 기울였다면 결과발생을 회피할 수 있었음에도 그 조차 태만히 함으로써 부주의의 정도가 큰 경우를 의미한다.

제4절 낙태의 죄

낙태의 죄는 태아를 객체로 하는 범죄로서, 태아를 자연적 분만기 이전에 인공적으로 모체 밖으로 배출하거나 모체 내에서 살해하는 것을 구성요건으로 한다. 낙태와 관련하여 형법은 임신한 부녀의 자기낙태죄(제269조 제1항)를 기본 구성요건으로 하여, 낙태에 관여한 제3자를 동의낙태죄(제269조 제2항), 업무상동의낙태죄(제270조 제1항), 부동의낙태죄(제270조 제2항)로 처벌한다. 또한 낙태를 통해 부녀를 사상케 한 경우를 낙태치사상죄(제270조 제3항·제4항)로 규율하고 있다.

1. 주체와 객체

낙태의 죄 가운데 자기낙태죄는 '임신한 부녀', 업무상동의낙태죄는 '의사, 한의사, 조산사, 약제사 또는 약종상'의 신분을 가진 자만이 주체가 될 수 있는 신분범이다.

본조의 객체인 '태아'란, 수정란이 자궁에 착상된 때부터 형법상 사람이 되기 전까지의 생명체를 말한다.

2. 모자보건법상의 위법성조각사유

모자보건법 제14조는 인공임신중절수술의 허용한계를 규정하고 있는데, ① 본인이나 배우자가 대통령령으로 정하는 우생학적(優生學的) 또는 유전학적 정신장애나 신체질환이 있는 경우, ② 본인이나 배우자가 대통령령으로 정하는 전염성 질환이 있는 경우, ③ 강간 또는 준강간(準强姦)에 의하여 임신된 경우, ④ 법률상 혼인할 수 없는 혈족 또는 인척 간에 임신된 경우, ⑤ 임신의 지속이 보건의학적 이유로 모체의 건강을 심각하게 해치고 있거나 해칠 우려가 있는 경우에 한하여 의사는 본인과 배우자의 동의를 받아 인공임신중절수술을 할 수 있도록 하고 있다.

따라서 위 법에 따라 요건을 갖춘 인공임신중절수술행위는 형법 제20조의 정당행위 중 법령에 의한 행위로서 위법성이 조각된다.

제 5 절 유기의 죄

형법은 [유기의 죄] 장에서 기본 구성요건인 단순유기죄(제271조 제1항)를 중심으로, 객체에 따라 존속유기죄(제271조 제2항)와 영아유기죄(제272조)를 규정하고, 결과에 따라 중유기죄(제271조 제3항·제4항)와 유기치사상죄·존속유기치사상죄(제275조)를 가중처벌하고 있다. 한편 생명·신체에 대한 위험행위라는 관점에서 학대죄(제273조)와 아동혹사죄(제274조)를 함께 규정하고 있다.

1. 단순유기죄·존속유기죄·영아유기죄

가. 유기죄의 보호법익 및 보호정도

유기의 죄의 보호법익은 부조를 필요로 하는 자(요부조자)의 생명 또는 신체의 안전이다. 하지만 유기의 죄의 법익 보호정도에 관해서는 ① 구체적 위험범설과 ② 추상적 위험범설이 대립한다. 예컨대, 영아를 남의 집 앞에 버려두고 그 집 사람에 의해 구조되는 것까지 확인하고 돌아간 경우, 구체적 위험범설에 따르면 영아에게 구체적인 위험이 초래되지 않았기 때문에 유기죄가 성립하지 않는다고 보는 반면, 추상적 위험범설에 따르면, 우리 형법이 유기의 결과로서 사람의 생명에 구체적인 위험이 발생한 경우를 별도의 규정(제271조 제3항·제4항)을 통해 규율하고 있다는 점을 고려하여 단순유기죄를 비롯한 존속유기죄와 영아유기죄는 추상적 위험범으로 이해하는 것이 타당하고, 따라서 위 사례의 경우 유기죄가 성립한다고 본다.

나. 주체

구형법과 달리 현행 형법상 신분범인 유기죄의 주체는 '법률상 또는 계약상' 보호의무 있는 자에 한한다. 여기서 '법률상 보호의무'란 공법이건 사법이건 불문하고 그 보호의무의 근거가 법령의 규정에 있는 경우로서, 예컨대 친족관계에 따른 부양의무(민법 제974조), 경찰관의 보호조치의무(경찰관 직무집행법 제4조), 도로교통사고자의 구호의무(도로교통법 제54조) 등을 말한다. 반면 '계약상의 보호의무'란 요부조자의 보호를 주된 내용으로 하는 계약에 따라 발생하는 의무로서, 간호사 또는 보모의 의무가 이에 해당한다.

다. 객체

유기죄의 객체인 '요부조자'는 정신적·육체적 결함으로 인하여 타인의 도움을 받지 않고서는 일상생활에 필요한 동작을 할 수 없기 때문에 자기의 생명·신체에 대한 위험을 스스로 극복할 수 없는 자로서, 현행 형법은 그 사정으로 '노유, 질병, 기타 사정'을 들고 있다. 여기서 사정과 부조의 필요성 여부에 대한 판단은 구체적 사정에 따라 결정된다. 예컨대, 노유는 연령에 따라 획일적으로 판단해서는 안 되며, 질병은 발병원인이나 치유가능성 및 기간을 불문하고, 분만 중 또는 명정, 불구, 부상 등의 사정도 기타사정에 포함된다. 다만 생계 곤란 등 경제적 요부조자는 본죄의 객체에 포함되지 않는다.

다만 객체인 요부조자가 존속인 경우에는 존속유기죄가 성립하여 가중처벌되고, 영아인 경우에는 특히 참작할 동기가 있는 경우에 한하여 형이 단순유기죄에 비해 감경된다.

라. 행위

유기란 보호 없는 상태에 방치함으로써 요부조자의 생명·신체에 위험을 야기하는 행위를 말하는데, ① 현재 보호상태에 있는 요부조자를 보호상태 밖으로 옮기는 적극적 유기와 ② 생존에 필요한 보호상태를 하지 않거나 기왕의 보호조치를 중지하고 떠나버리는 소극적 유기가 이에 해당한다.

대법원은 "생모가 사망의 위험이 예견되는 그 딸에 대하여는 수혈이

최선의 치료방법이라는 의사의 권유를 자신의 종교적 신념이나 후유증 발생의 염려만을 이유로 완강하게 거부하고 방해하였다면 이는 결과적으로 요부조자를 위험한 장소에 두고 떠난 경우나 다름이 없다(대법원 1980. 9. 24. 선고 79도1387 판결)"고 판시한 바 있다.

마. 고의

유기죄의 고의가 인정되기 위해서는, 행위자가 자신에게 피해자에 대한 보호의무가 있다는 점과 자신의 작위 또는 부작위가 법률상 또는 계약상 보호의무에 위반한다는 점을 인식해야 한다.

2. 중유기죄·유기치사상죄

중유기죄는 단순 또는 존속유기죄를 범하여 요부조자에게 생명에 구체적 위험을 발생시킨 경우에 성립하는 결과적 가중범이다. 여기서 생명에 대한 구체적 위험의 발생은 과실 뿐만 아니라 고의에 의한 경우까지 포함한다.

한편 유기치사상죄는 단순유기죄, 존속유기죄, 영아유기죄, 학대죄, 존속학대죄를 범하여 사람을 상해나 사망에 이르게 한 경우에 성립하는 결과적 가중범이다.

다만 상해의 고의로 유기한 경우, 상해죄와 유기치상죄의 상상적 경합범으로 처리하면 처벌의 불균형이 발생하므로 이를 시정하기 위해 유기치사상죄를 부진정결과적 가중범으로 해석하여 본죄의 성립을 인정한다. 하지만 살인의 고의로 유기한 경우에는 법정형에 있어서 살인죄가 유기치사죄보다 높으므로, 유기치사죄는 별도로 성립하지 않고 살인죄만 성립한다. 따라서 유기치사죄는 진정결과적 가중범의 성격을 갖는다.

3. 단순학대죄·존속학대죄

형법은 자기의 보호 또는 감독을 받는 사람을 학대하여 생명·신체에 위험을 야기한 자를 학대죄로 규율한다. 다만 (유기죄와 달리) 본죄의 주체는 법령·계약뿐 아니라 사무관리·관습·조리에 근거하여 보호 또는 감독하는 자인 반면, 본죄의 객체는 아동복지법이 적용되는 18세 미만의 아동 이외의 피보호·감독자로서 별다른 제한이 없으나, 존속인 경우에는 형법 제273조 제2항에 따라 존속학대죄가 성립하고 형이 가중된다.

반면 구성요건행위로서 '학대'의 개념에 대해서는 육체적 고통을 초래하는 처우만으로 보는 견해와 이에 정신적 고통을 주는 가혹행위까지 포함하는 견해 등이 대립한다. 이와 관련하여 대법원은 "학대죄는 자기의 보호 또는 감독을 받는 사람에게 육체적으로 고통을 주거나 정신적으로 차별대우를 하는 행위가 있음과 동시에 범죄가 완성되는 상태범 또는 즉시범(대법원 1986. 7. 8. 선고 84도2922 판결)"이라고 판시하면서도 "형법 제273조 제1항에서 말하는 '학대'라 함은 육체적으로 고통을 주거나 정신적으로 차별대우를 하는 행위를 가리키고, 이러한 학대행위는 형법의 규정체제상 학대와 유기의 죄가 같은 장에 위치하고 있는 점 등에 비추어 단순히 상대방의 인격에 대한 반인륜적 침해만으로는 부족하고 적어도 유기에 준할 정도에 이르러야 한다(대법원 2000. 4. 25. 선고 2000도223 판결)"고 판시함으로써, 학대의 정도에 관한 기준을 제시한 바 있다.

한편 대법원은 친권자의 징계권 행사의 경우처럼 훈육 목적의 학대행위와 관련하여 "비록 수십회에 걸쳐서 계속되는 일련의 폭행행위가 있었다 하더라도 그중 친권자로서의 징계권의 범위에 속하여 위 위법성이 조각되는 부분이 있다면 그 부분을 따로 떼어 무죄의 판결을 할 수 있다(대법원 1986. 7. 8. 선고 84도2922 판결)"고 판시한 바 있다.

4. 아동혹사죄

　본죄는 16세 미만 아동의 생명·신체를 보호법익으로 하며, 아동을 생명 또는 신체에 위험한 업무에 사용할 사업자 또는 그 종업자에게 인도하거나 그 인도를 받을 때 성립한다. 아동의 동의가 있었다 하더라도 본죄는 성립한다.

　한편 본죄는 「근로기준법」상 사용금지위반죄와 상상적 경합관계에 있으나 법정형이 더 높으므로 본죄로 처벌된다. 다만 본죄는 '생명·신체에 위험한 업무'에 한정되므로 '도덕상·보건상 유해한 업무'에 사용한 경우에는 「근로기준법」상 사용금지위반죄만 성립하고, 본죄는 성립하지 않는다.

제 4 장

자유에 관한 죄

제 1 절 협박의 죄

협박의 죄는 상대방에게 해악을 고지하여 겁먹게 함으로써, 개인의 의사결정의 자유를 해하는 범죄이다. 현행 형법은 협박죄(제283조 제1항)를 기본 구성요건으로 하여 존속협박죄(제283조 제2항), 특수협박죄(제284조), 상습협박죄(제285조)를 가중처벌한다. 다만 협박의 죄는 반의사불벌죄로서 피해자의 명시한 의사에 반하여 공소제기를 할 수 없다.

1. 협박죄·존속협박죄

가. 객체

협박죄는 의사결정의 자유를 침해하는 범죄이므로, 의사능력자만을 객체로 한다. 따라서 영아, 만취자, 심신장애자, 숙면자 등은 본죄의 객체에 포함되지 않는다. 한편 객체가 자기 또는 배우자의 직계존속인 경우에는 존속협박죄가 성립하여 형이 가중된다.

나. 행위

협박이란 해악의 고지를 말하는데, 장래에 발생하거나 혹은 조건부해악의 고지여도 상관없다. 다만 해악의 발생은 행위자의 의사에 의해 좌우될 수 있는 것이어야 한다는 점에서, 천재지변·길흉화복의 도래를 고지하는 경고와 구별된다.

현행 형법상 협박의 개념은 여러 층위로 사용되는데, ① [광의의 협박]은 상대방이 현실적으로 공포심을 느꼈는지를 불문하고, 해악을 고지하는 경우를 말하는데, 소요죄(제115조), 다중불해산죄(제116조), 공무집행방해죄(제136조), 특수도주죄(제146조) 등의 협박이 여기에 해당한다. ② [협의의 협박]은 상대방이 현실적으로 두려움을 느껴서 작위·부작위를 강요당할 정도의 협박으로서, 협박죄(제283조)와 강요죄(제324조)가 이에 해당한다. ③ [최협의의 협박]은 상대방의 반항을 억압하거나 현저히 곤란케 할 정도로 두려움을 일으키게 할 만한 해악의 고지로서, 강간죄(제297조), 강도죄(제333조)의 협박을 말한다.

여기서 협박의 내용에 대해서는 특별한 제한이 없고 해악은 사람에게 공포심을 일으키게 할 만한 것이면 족하다. 따라서 정조·업무·신용에 대한 해악의 고지도 협박에 해당한다. 또한 고지의 방법에 있어서도 언어·문서·거동·태도 등 제한이 없다.

다. 기수시기

협박죄의 기수시기와 관련하여 대법원은 "고지된 해악의 내용이 행위자와 상대방의 성향, 고지 당시의 주변 상황, 행위자와 상대방 사이의 친숙의 정도 및 지위 등의 상호관계, 제3자에 의한 해악을 고지한 경우에는 그에 포함되거나 암시된 제3자와 행위자 사이의 관계 등 행위 전후의 여러 사정을 종합하여 볼 때에 일반적으로 사람으로 하여금 공포심을 일으키게 하기에 충분한 것이어야 하지만, 상대방이 그에 의하여 현실적으로 공포심

을 일으킬 것까지 요구하는 것은 아니며, 그와 같은 정도의 해악을 고지함
으로써 상대방이 그 의미를 인식한 이상, 상대방이 현실적으로 공포심을
일으켰는지 여부와 관계없이 그로써 구성요건은 충족되어 협박죄의 기수
에 이르는 것"으로 판단하였고, 따라서 협박죄의 미수범 처벌규정(제286조)
은 "해악의 고지가 현실적으로 상대방에게 도달하지 아니한 경우나, 도달
은 하였으나 상대방이 이를 지각하지 못하였거나 고지된 해악의 의미를 인
식하지 못한 경우"에 한하여 적용된다고 판시한 바 있다(대법원 2007. 9. 28.
선고 2007도606 전원합의체 판결).

2. 특수협박죄

단순협박죄·존속협박죄를 범함에 있어서 ① 단체 또는 다중의 위력을
보이거나 ② 위험한 물건을 휴대하여 협박을 행한 경우에는 특수협박죄가
성립한다. 단체 또는 다중의 위력이나 위험한 물건의 휴대의 의미는 특수
폭행죄와 동일하다.

3. 상습협박죄

협박죄·존속협박죄·특수협박죄를 상습으로 범한 자는 가중처벌되는
데, 여기서 '상습(성)'은 어느 기본적 구성요건에 해당하는 행위를 한 자가
그 범죄행위를 반복하여 저지르는 습벽을 말한다.

제 2 절 강요의 죄

강요의 죄는 폭행·협박을 수단으로 하여 사람의 권리행사를 방해하거
나 의무 없는 일을 하도록 함으로써, 개인의 의사결정의 자유를 해하는 범

죄이다. 형법전의 편제에 의하면 '제37장 권리행사를 방해하는 죄'에 규정
되어 있으나, 협박죄와 동일하게 의사결정의 자유를 보호법익을 한다는 점
에서 함께 다루고자 한다. 단 협박죄는 의사결정의 자유만을 보호법익으로
하지만, 강요죄는 의사결정 뿐 아니라 행동의 자유까지 보호법익으로 한다
는 점에서 차이가 있다.

한편 형법은 제324조의 강요죄를 기본 구성요건으로 하고, 가중 구성
요건으로 중강요죄(제326조), 인질강요죄(제324조의2), 인질상해치상죄(제324
조의3), 인질살해치사죄(제324조의4) 등을 규정하고 있다. 다만 인질강요죄
와 인질상해치상죄를 범한 자 및 그 죄의 미수범에 대해서는 인질을 안전
한 장소로 풀어준 경우에 한하여 임의로 형을 감경할 수 있도록 특별규정
(제324조의6)을 두고 있다.

1. 강요죄

본죄의 구성요건행위는 '권리행사를 방해하거나 의무 없는 일을 하게
하는' 것이다. 여기서 '권리행사를 방해한다'는 것은 법률상 허용되는 행위
를 하지 못하게 하는 것으로, 예컨대 강제로 여권을 빼앗아 출국하지 못하
도록 하는 경우가 이에 해당한다. 한편 '의무 없는 일을 하게 한다'는 것은
자기에게 아무런 권리도 없으면서 의무도 없는 상대방에게 작위 내지 부작
위를 하도록 하는 것을 말한다. 예컨대, 폭행·협박하여 계약포기각서나 소
취하서에 날인토록 하는 경우가 이에 해당한다.

2. 중강요죄

본죄는 강요죄 또는 점유강취·준점유강취죄를 범하여 사람의 생명에
대한 구체적인 위험을 발생시킨 경우에 성립하는 결과적 가중범이다.

3. 인질강요죄

본죄는 체포·감금행위 또는 약취·유인행위를 한 자가 그 사람을 인질로 하여 제3자에게 작위·부작위를 강요하는 결합범이다. 본죄의 특징은 인질로서의 개체와 강요의 상대방으로서의 객체가 분리되어 있다는 점으로서, 피강요자의 의사결정 및 행동의 자유와 인질의 생명·신체의 자유를 모두 보호법익으로 하는 침해범이다.

여기서 '인질로 삼는다' 함은 체포·감금·약취·유인된 자의 생명·신체의 안전에 대한 제3자의 염려를 이용하여 (피강요자에게 작위·부작위를 강요함으로써) 자신이 달성하고자 하는 목적의 성취수단으로 삼는 것을 말한다.

4. 인질상해·치상죄 및 인질살해·치사죄

인질상해·살해죄는 인질강요죄를 범한 자가 인질을 고의로 상해하거나 살해한 경우에 성립하는 결합범인 반면, 인질치상·치사죄는 과실로 인질의 상해 또는 사망의 결과를 초래한 경우에 성립하는 결과적 가중범이다. 형법 제324조의6은 인질을 안전한 장소로 풀어준 경우에 한하여 형을 감경토록 하고 있다.

제 3 절 체포와 감금의 죄

체포와 감금의 죄는 개인의 신체적 활동의 자유를 침해하는 범죄로서, 행위시에 피해자의 이전가능성, 즉 잠재적 이전의 자유가 있었는지를 기준으로 한다. 또한 본죄는 계속범이므로 구성요건행위인 체포·감금(행위)은 어느 정도의 시간적 계속을 필요로 한다.

한편 체포와 감금의 죄는 체포·감금죄(제276조 제1항)를 기본 구성요
건으로 하여 객체로 인하여 가중처벌되는 존속체포·감금죄(제276조 제2
항), 결과로 인해 가중되는 체포·감금치사상죄(제281조), 행위태양 때문에
가중되는 중체포·감금죄(제277조)와 특수체포·감금죄(제278조) 그리고 행
위자의 상습성으로 인하여 가중되는 상습체포·감금죄(제279조)로 구성되
어 있다. 또한 체포·감금치사상죄를 제외하고 나머지 죄에 대한 미수범을
처벌한다.

1. 체포·감금죄 및 존속체포·감금죄

가. 객체

본죄의 객체는 신체적 활동의 자유, 즉 잠재적 이전의 자유(가능성)를
가진 자연인이다. 따라서 수면중인 자, 만취자, 정신병자는 본죄의 객체가
되지만, 잠재적 이전의 자유 자체가 없는 유아는 본죄의 객체가 되지 못한
다. 대법원도 "정신병자의 어머니의 의뢰 및 승낙하에 그 감호를 위하여 그
보호실 문을 야간에 한해서 3일간 시정하여 출입을 못하게 한 감금행위는
그 병자의 신체의 안정과 보호를 위하여 사회통념상 부득이 한 조처로서
수긍될 수 있는 것이면, 위법성이 없다(대법원 1980. 2. 12. 선고 79도1349 판
결)"고 판시함으로써, 정신병자에 대한 감금죄의 구성요건해당성 자체를
인정한 바 있다.

한편 형법은 '자기 또는 배우자의 직계존속'을 객체로 체포·감금한 경
우에 형을 가중한다.

나. 행위

본죄의 '체포'란, 사람의 신체에 대하여 직접적이고 현실적인 구속을
가하여 신체활동의 자유를 침해하는 것으로서, 그 수단과 방법에 제한이
없다. 다만 계속범이기 때문에 신체에 대한 일시적·순간적 구속은 폭행죄

(제260조)를 구성할 뿐이고, 신체에 대한 직접적인 구속 없이 일정한 장소에 나오도록 협박 또는 위협하는 경우에는 강요죄(제324조)만이 성립한다.

한편 '감금'은 사람이 일정한 장소 밖으로 나오는 것을 불가능 또는 현저히 곤란하게 함으로써 신체적 활동의 자유에 대한 장소적 제한을 의미한다. 장소적 제한의 방법으로는 유형·무형의 강제력 행사는 물론 기망이나 공포심, 수치심 등을 이용하는 경우도 포함된다.

다만, 체포·감금죄의 기수시기와 관련해서는 행위의 시간적 계속성과 함께 자유박탈상태에 대한 피해자의 인식이 필요한지를 두고 긍정설과 부정설이 대립하는데, 체포·감금죄의 보호법익인 잠재적 활동의 자유라는 점을 고려한다면 피해자의 인식 여부와 관계없이 체포·감금행위의 시간적 계속성이 인정되는 순간 기수가 된다고 보는 것이 타당하다.

다. 위법성조각사유

본죄와 관련해서는 법령 또는 업무로 인하여 위법성이 조각되는 경우가 있는데, ① 검사 또는 사법경찰관의 구속영장에 의한 피의자구속(형소법 제201조 제1항), ② 현행범인의 체포(형소법 제212조), ③ 친권자에 의한 징계권의 행사(민법 제915조), ④ 경찰관에 의한 주취자 등의 보호조치(경찰관 직무집행법 제4조 제1항), ⑤ 치료를 위한 정신병자의 병실감금 등이 여기에 해당한다.

2. 체포·감금치사상죄

형법은 체포·감금하여 사람을 사상케 한 경우, 형을 가중하여 처벌하는데, 결과적 가중범이므로 기본범죄와 중한 결과간의 직접성 및 예견가능성이 인정되어야 성립한다.

3. 중체포·감금죄 및 특수체포·감금죄

형법은 체포·감금한 상태에서 가혹행위를 한 경우에 이를 중체포·감금죄로 규정하고 가중처벌한다. 예컨대, 체포·감금된 자를 폭행하거나 의식주 등을 제공하지 않거나 적당한 수면을 취하지 못하도록 한 경우가 여기에 해당한다.

반면 단체 또는 다중의 위력을 보이거나 위험한 물건을 휴대하여 체포·감금하거나 가혹행위를 한 경우에도 불법이 가중되어 특수체포·감금죄가 성립한다.

제 4 절 약취·유인 및 인신매매의 죄

약취·유인의 죄는 개인의 자유를 침해하는 범죄로서 사람을 약취·유인하여 자기 또는 제3자의 지배하에 옮김으로써 성립한다. 여기서 보호법익은 일차적으로 피인취자의 자유이지만, 피인취자가 미성년자, 정신병자인 경우에는 친권자 또는 보호감독자의 감호권도 부차적인 보호법익이된다.

한편 [약취·유인의 죄] 장은 기본 구성요건인 미성년자 약취·유인죄(제287조)와 가중 구성요건인 추행·간음·결혼·영리·노동력 착취·성매매·노동력 착취·장기적출·국외이송목적의 약취·유인죄(제288조)와 인신매매죄(제289조) 그리고 위와 같은 목적의 인신매매죄로 구성된다. 또한 위 죄들의 방조범을 약취·유인·매매된 자의 수수 또는 은닉죄로 처벌하고 있으며, 이외에도 상해와 살인죄의 결합범 및 치상·치사의 결과적 가중범, 그 미수범과 예비·음모를 처벌하는 규정을 두고 있다.

1. 미성년자약취·유인죄

가. 객체

본죄의 객체인 미성년자는 민법상 만 19세 미만의 자를 말한다. 이로 인해 민법상 성년의제제도에 따라 성년자로 취급되는 혼인한 미성년자가 본죄의 객체가 될 수 있는지에 관하여 다툼이 있으나, 본죄의 입법취지와 보호법익을 고려한다면 혼인한 미성년자의 경우에도 형법적으로는 본죄의 객체가 된다고 보는 것이 타당하다.

나. 행위

본죄의 구성요건행위인 약취·유인이란 자유로운 생활관계 내지 보호관계에 있던 사람을 자기 또는 제3자의 실력적 지배하로 옮기는 행위를 말하는데, 약취는 폭행 또는 협박을 수반하는 데 반하여 유인은 기망, 감언, 유혹 등을 수단으로 한다는 점에서 구별된다.

한편 실력적 지배하에 둔다는 의미와 관련하여 장소적 이전이 반드시 있어야 하는지를 두고 견해가 대립하나, 본래의 자유로운 생활관계 및 보호관계로부터의 이탈만으로도 약취·유인은 성립하고, 부작위에 의한 약취·유인도 가능하다는 점에서 장소이전은 필요하지 않다. 대법원도 "미성년자를 장소적으로 이전시키는 경우뿐만 아니라 장소적 이전 없이 기존의 자유로운 생활관계 또는 부모와의 보호관계로부터 이탈시켜 범인이나 제3자의 사실상 지배하에 두는 경우도 포함된다(대법원 2008. 1. 17. 선고 2007도8485 판결)"고 판시한 바 있다.

또한 본죄의 성격과 관련해서는 상태범설과 계속범설이 대립하는데, 피인취자의 자유를 침해하는 것을 본질로 하는 본죄의 내용을 고려한다면 어느 정도의 시간적 계속이 필요한 계속범으로 보는 것이 타당하고, 따라서 기수시기도 사실상 지배의 시간적 계속성이 어느 정도 인정된 때로 보아야 한다. 대법원도 "미성년자를 기존의 생활관계 및 보호관계로부터 이탈시킬 의도가 없는 경우에는 실행의 착수조차 인정하기 어려우며, 범행의 목적과 수단, 시간적 간격 등을 고려할 때 사회통념상 실제로 기존의 생활관계 및 보호관계로부터 이탈시킨 것으로 인정되어야만 기수가 성립한다(대법원 2008. 1. 17. 선고 2007도8485 판결)"고 판시하였다.

다.「특정범죄 가중처벌 등에 관한 법률(약칭: 특정범죄가중법)」제5조의2에 의한 가중

특정범죄가중법 제5조의2는 13세 미만의 미성년자에 대하여「형법」제287조의 죄를 범한 사람을 그 목적과 행위태양에 따라 가중처벌한다.

먼저 제1항은 [약취·유인의 목적]에 따라 강도목적의 약취·유인의 경우에는 무기 또는 5년 이상의 징역, 살해목적인 경우에는 사형, 무기 또는 7년 이상의 징역으로 가중처벌하고, 제2항은 [행위태양]과 관련해서는 13세 미만의 미성년자를 약취·유인하여 재물이나 재산상 이익을 취득·요구한 경우에는 무기 또는 10년 이상의 징역에, 살해한 경우에는 사형 또는 무기징역에, 폭행·상해·감금 또는 유기(遺棄)하거나 그 미성년자에게 가혹한 행위를 한 경우에는 무기 또는 5년 이상의 징역에, 전술한 죄를 범하여 미성년자를 사망에 이르게 한 경우에는 사형, 무기 또는 7년 이상의 징역에 처하도록 규정하고 있다.

뿐만 아니라 특정범죄가중법 제5조의2 제3항은 전술한 제1항 또는 제2항의 죄를 범한 사람을 방조(幇助)하여 약취 또는 유인된 미성년자를 은닉하거나 그 밖의 방법으로 귀가하지 못하게 한 사람 역시 5년 이상의 유기징역에 처한다.

또한 동조 제6항은 제2항 제4호를 제외한 제1항 및 제2항 죄의 미수범은 처벌하고, 동조 제7항은 제1항부터 제3항까지 및 제6항의 죄를 범한 사람을 은닉하거나 도피하게 한 자를, 제8항은 제1항 또는 제2항 제1호·제2호의 죄를 범할 목적으로 예비하거나 음모한 자를 처벌하는 규정을 두고 있다.

2. 추행 등 목적 약취·유인죄

본죄는 고의 이외에 ① 추행·간음·결혼·영리(제288조 제1항), ② 노동력 착취·성매매(제288조 제2항), ③ 국외 이송(제288조 제3항)의 목적을 요하는 목적범으로서 (전술한 미성년자약취·유인죄와 달리) 본죄의 객체에는 제한이 없다. 따라서 본죄의 목적으로 미성년자를 약취·유인한 경우에는 본죄가 성립한다.

여기서 제288조 제1항의 목적들 중 '추행'은 피해자를 음란한 행위의 수단으로 삼으려는 목적이고, '간음'은 결혼하지도 않은 상태에서 동의하지도 않은 성행위를 하려는 목적을 말하며, '결혼'의 목적은 법률혼은 물론 사실혼을 포함하여 행위자 뿐 아니라 제3자와의 결혼을 모두 포함하고, 영리의 목적은 자기 또는 제3자의 재산상 이익을 취득할 목적을 의미한다.

또한 제288조 제2항의 목적인 '노동력 착취'는 대가를 지불하지 않은 상태에서 이루어지는 강요된 노동력 사용을, '성매매'는 불특정인을 상대로 금품이나 그 밖의 재산상 이익을 조건으로 성교행위 또는 유사성교를 하거나 그 상대방이 되는 것(「성매매알선 등 행위의 처벌에 관한 법률」 제2조 제1항 제1호)을 의미하고, '장기적출'은 「장기등 이식에 관한 법률」에 위반되는 모든 유형의 장기적출을 의미한다.

반면 제288조 제3항의 '국외이송'의 목적이란, 기본적으로는 대한민국 영토 밖으로 피인취자를 이송하는 것을 의미하지만, 제296조의2(세계주의)에 따라 피해자의 거주국 영역 외로 이송할 목적으로도 확대하여 이해할 수 있다.

하지만 본죄의 기수시점은 일반적인 약취·유인죄와 마찬가지로 실력적 지배가 시간적으로 어느 정도 계속된 때이고, 위의 목적들이 달성되었는지 여부는 (단지 공소시효의 기산시점 산정과 관련성을 가질 뿐) 본죄의 기수여부를 판단하는 데 영향을 미치지 않는다.

또한 형법은 미성년자약취·유인죄의 미수(제294조)와 예비·음모(제

296조)를 처벌하고, 결과적 가중범으로서 미성년자약취·유인치사상죄(제 290조 제2항)와 약취·유인된 미성년자의 수수·은닉죄(제292조 제1항) 및 모집·운송·전달죄(제292조 제2항)를 처벌하고 있다.

3. 인신매매죄

인신매매죄의 주체는 보호자를 포함하여 제한이 없으며, 매도인과 매수인은 필요적 공범관계인 대향범으로서 모두 처벌된다. 여기서 '매매'란 사람의 신체를 물건과 같이 유상으로 상대방에게 교부하고 상대방은 이를 사실상 지배(취득)하는 것을 말하는데, 사실상 지배의 이전이 있을 때 기수가 되며, 단지 계약만 체결한 경우에는 미수(범)이 성립한다.

형법 제289조의 인신매매죄는 기본 구성요건인 단순 인신매매죄(동조 제1항)와 가중 구성요건인 추행·간음·결혼·영리·노동력 착취·성매매·성적 착취·장기적출·국외이송 목적 인신매매죄(동조 제4항)로 구성되는데, 후자에 있어서 목적의 달성 여부는 기수와 무관하다.

또한 형법은 인신매매죄의 미수범(제294조)과 예비·음모한 자(제296조)를 처벌하는 한편 인신매매에 의해 매매된 사람을 수수 또는 은닉한 자(제292조 제1항)와 인신매매의 목적으로 사람을 모집·운송·전달한 사람(제292조 제2항)도 처벌하고, 이에 대한 미수와 예비·음모도 함께 처벌하는 규정을 두고 있다.

뿐만 아니라 인신매매를 범하여 매매된 자를 상해하거나 살해한 경우(제290조 제1항·제291조 제1항)는 물론 그 미수범과 예비·음모를 처벌하고, 과실로 매매된 자를 치사·치상케 한 경우(제290조 제2항·제291조 제2항)도 결과적 가중범으로 처벌한다.

제 5 절 강간과 추행의 죄

형법 제32장 [강간과 추행의 죄]는 개인의 성적 자기결정권을 보호법익으로 하는 범죄로서, 2012년 형법개정을 통해 제306조의 친고죄 규정이 삭제되면서 비친고죄가 되었다.

형법전 [강간과 추행의 죄] 장은 강간죄(제297조), 유사강간죄(제297조의 2), 강제추행죄(제298조)를 기본 구성요건으로 하여, 가중 구성요건인 미성년자간음죄, 업무상위력간음죄, 소아간음·추행죄와 독립 구성요건인 준강간·준유사강간·준강제추행죄(제299조)를 규율한다. 그리고 이상의 죄에 대한 미수범 및 상습범 처벌규정을 두고 있으며, 결합범인 강간 등 상해·살인죄와 결과적 가중범인 강간 등 치상·치사죄를 처벌한다.

1. 강간 및 유사강간의 죄

가. 주체

남자 뿐 아니라 여자도 본죄의 직접정범·간접정범·공동정범이 될 수 있다. 본죄는 자수범이 아니기 때문에 공동정범 중 1인이 피해자를 강간하고 있는 동안 동 피해자가 반항하지 못하도록 그의 입을 손으로 틀어 막고 있던 자도 강간죄의 공동정범의 죄책을 면할 수 없다(대법원 1984. 6. 12. 선고 84도780 판결).

한편 「성폭력범죄의 처벌 등에 관한 특례법(약칭: 성폭력처벌법)」 제3조는 「형법」 제319조 제1항(주거침입), 제330조(야간주거침입절도), 제331조(특수절도) 또는 제342조(미수범. 다만, 제330조 및 제331조의 미수범으로 한정한다)의 죄를 범한 자가 강간한 경우에는 무기징역 또는 5년 이상의 징역에, 「형법」 제334조(특수강도) 또는 제342조(미수범. 다만, 제334조의 미수범으로 한정한다)의 죄를 범한 자가 강간죄를 범한 경우에는 사형, 무기징역 또는 10년 이상의 징역에 처하도록 규정하고, 동법 제4조 제1항은 2명 이상이 합동하여 강간죄를 범한 경우에 무기징역 또는 5년 이상의 징역으로 형을 가중한다.

나아가 행위주체가 법률상 또는 사실상 4촌 이내의 혈족·인척 또는 동거하는 친족인 경우(성폭력처벌법 제5조 제4항)이거나 사실상의 관계에 의한 친족인 경우(성폭력처벌법 제5조 제5항)에는 7년 이상의 유기징역에 처하도록 규정하고 있다. 또한 동법 제18조에 따라 친족강간죄에 대해서는 형사소송법 제224조 및 군사법원법 제266조의 존속에 대한 고소제한도 적용되지 않는다.

나. 객체

본죄의 객체는 사람으로서, 남·녀 또는 성년·미성년, 기혼·미혼, 성교능력 및 음행의 상습성 등을 불문한다. 다만 부부간의 강간죄가 성립하는지에 관해서는 찬반론이 대립하나, 대법원은 ① 법률상 처를 강간죄의 객체에서 제외하는 명문의 규정을 두고 있지 않고, ② 강간죄의 보호법익이 개인의 성적 자기결정권이라는 점, ③ 부부 사이에 민법상의 동거의무가 인정된다고 하더라도 거기에 폭행, 협박에 의하여 강요된 성관계를 감내할 의무가 내포되어 있다고 할 수 없다는 점 등을 논거로 부부강간죄의 성립을 인정한 바 있다(대법원 2013. 5. 16. 선고 2012도14788, 2012전도252 전원합의체 판결).

한편 형법 제305조는 '13세 미만의 자'에 대한 (미성년자)강간죄를 별도의 규정을 두어 처벌하고 있으며, 이러한 '13세 미만의 자'에 대한 강간은 특별법인 「성폭력처벌법」 제7조 제1항에 의해 '소아'강간죄로 가중처벌된다. 또한 「아동·청소년의 성보호에 관한 법률(약칭: 청소년성보호법)」 제7조 제1항은 '13세 이상 19세 미만의 청소년'을 객체로 한 청소년강간죄를 처벌하는 규정을 두고 있고, 「성폭력처벌법」 제6조 제1항은 '장애인'을 객체로 한 강간죄(장애인강간죄)에 대해 별도의 처벌규정을 두고, 보호감독하는 자가 보호·감독하에 있는 장애인을 강간한 경우에는 (장애인강간죄의) 형의 2분의 1까지 가중토록 하고 있다.

다. 행위

폭행·협박의 죄에서 언급한 바와 같이 강간죄에 있어서 폭행·협박은 최협의에 해당하여 '반항이 불가능하거나 현저히 곤란한 수준'의 것이어야 한다. 이와 관련하여 대법원은 "강간죄가 성립하기 위한 가해자의 폭행·협박이 있었는지 여부는 그 폭행·협박의 내용과 정도는 물론 유형력을 행사하게 된 경위, 피해자와의 관계, 성교 당시와 그 후의 정황 등 모든 사정을 종합하여 피해자가 성교 당시 처하였던 구체적인 상황을 기준으로 판단하여야 하며, 사후적으로 보아 피해자가 성교 이전에 범행 현장을 벗어날 수 있었다거나 피해자가 사력을 다하여 반항하지 않았다는 사정만으로 가해자의 폭행·협박이 피해자의 항거를 현저히 곤란하게 할 정도에 이르지 않았다고 섣불리 단정하여서는 안 된다(대법원 2005. 7. 28. 선고 2005도3071 판결)"고 판시한 바 있다.

또한 강간죄의 실행착수 시기와 관련하여 판례는 "부녀를 간음하기 위하여 피해자의 항거를 불능하게 하거나 현저히 곤란하게 할 정도의 폭행 또는 협박을 개시한 때(대법원 2000. 6. 9. 선고 2000도1253 판결)"를 실행착수로 보고, 기수시기와 관련해서는 성기가 삽입되는 순간(서울고등법원 2009. 6. 18. 선고 2009노1014, 2009전노16 판결)을 기수시점을 보고 있다.

한편「성폭력처벌법」제4조 제1항은 흉기나 그 밖의 위험한 물건을 지닌 채 강간한 경우 특수강간죄로 가중처벌한다.

형법 제297조의2는 '유사강간'을 폭행 또는 협박으로 사람에 대하여 구강, 항문 등 신체(성기는 제외한다)의 내부에 성기를 넣거나 성기, 항문에 손가락 등 신체(성기는 제외한다)의 일부 또는 도구를 넣는 행위로 정의한다. 유사강간죄의 법정형(2년 이상의 유기징역)은 강간죄(3년 이상의 유기징역)에 비하여 형의 하한이 상대적으로 낮다.

라. 죄수 및 타죄와의 관계

강간죄의 죄수는 폭행·협박의 횟수를 기준으로 판단한다. 예컨대 동일한 폭행·협박을 이용하여 수회 성교한 경우에는 강간죄의 단순일죄이지만, 시간과 장소를 달리하여 수회의 폭행·협박을 통하여 동일인을 수차례 강간한 경우에는 수죄가 성립한다.

한편 강간죄는 결합범이므로, 본죄가 성립하면 그 수단에 해당하는 강요죄, 폭행죄, 협박죄는 법조경합의 특별관계에 해당하여 성립하지 않고, 강제추행죄도 불가벌적 수반행위로서 강간죄에 흡수된다. 또한 특별한 규정이 없는 한 주거침입죄와 강간죄는 실체적 경합관계에 있다.

또한 강도한 후 강도의 고의가 생겨 재물을 강취한 경우에는 강간죄와 강도죄의 실체적 경합범이 성립하지만, 강도범이 강간한 경우나 특수강도와 그 미수범이 강간한 경우에는 각각 결합범인 강도강간죄(제339조)나 특수강도강간죄(성폭력처벌법 제3조 제2항)가 성립한다.

그리고 체포·감금을 수단으로 하여 강간을 한 경우에는 체포·감금죄와 강간죄의 상상적 경합범이 성립하지만, 체포·감금상태에서 강간의 고의가 생겨 별도의 폭행·협박을 통해 강간한 경우에는 행위의 단일성이 인정되지 않기 때문에 실체적 경합범이 된다.

또한 대법원은 피고인이 피해자의 주거에 침입하여 강간하려다 미수에 그침과 동시에 자기의 형사사건의 수사 또는 재판과 관련하여 수사단서를 제공하고 진술한 것에 대한 보복 목적으로 그를 폭행하였다는 내용으로 기소된 사안에서, "특정범죄 가중처벌 등에 관한 법률 위반(보복범죄등)죄 및 성폭력범죄의 처벌 등에 관한 특례법 위반(주거침입강간등)죄가 각 성립하고 두 죄가 상상적 경합관계에 있다(대법원 2012. 3. 15. 선고 2012도544, 2012전도12 판결)"고 판시한 바 있다.

2. 강제추행의 죄

가. 주체 및 객체

강제추행죄의 주체와 객체는 강간죄와 동일하다.

나. 행위

본죄의 수단행위인 폭행·협박의 개념 역시 강간죄와 동일하고, 여기서의 '추행'은 "객관적으로 일반인에게 성적 수치심이나 혐오감을 일으키게 하고 선량한 성적 도덕관념에 반하는 행위로서 피해자의 성적 자유를 침해하는 것(대법원 2002. 4. 26. 선고 2001도2417 판결)"으로서, 이에 해당하는지 여부는 피해자의 의사, 성별, 연령, 행위자와 피해자의 이전부터의 관계, 그 행위에 이르게 된 경위, 구체적 행위태양, 주위의 객관적 상황과 그 시대의 성적 도덕관념 등을 종합적으로 고려하여 신중히 결정되어야 한다는 것이 판례의 입장이다.

한편 수단으로서의 폭행·협박과 성교가 순차적으로 이루어지는 강간죄와 달리 강제추행죄의 경우에는 폭행·협박과 동시에 또는 그 자체가 추행이 되는 소위 '기습추행'이 문제되는데, 대법원은 "피해자와 춤을 추면서 피해자의 유방을 만진 행위가 순간적인 행위에 불과하더라도 피해자의 의사에 반하여 행하여진 유형력의 행사에 해당하고 피해자의 성적 자유를 침해할 뿐만 아니라 일반인의 입장에서도 추행행위라고 평가될 수 있는 것으로서, 폭행행위 자체가 추행행위라고 인정되어 강제추행에 해당된다(대법원 2002. 4. 26. 선고 2001도2417 판결)"고 판시한 바 있다.

3. 준강간·준강제추행의 죄

가. 독자적 구성요건표지

폭행·협박을 수단으로 하는 강간죄 및 강제추행죄와 달리 형법 제299

조의 준강간죄와 준강제추행죄는 "심신상실 또는 항거불능의 상태를 이용"
하였다는 점에서 구별된다.

여기서 '심신상실'이란, 행위당시 피해자가 간음 또는 추행의 의미를
정상적으로 이해할 수 없는 지적 능력의 상태를 의미하고, '항거불능'은 심
신상실 이외의 사유로 심리적 또는 물리적으로 반항이 절대적으로 불가능
하거나 현저히 곤란한 경우를 말한다.

한편 '이용하여'라는 의미는 행위자가 피해자의 상태를 인식하고, 그
상태로 인하여 간음 또는 추행이 비로소 가능하게 되거나 보다 용이해진
것을 말하고, 이에 따라 대법원은 행위자가 피해자의 심신상실 또는 항거
불능 상태를 직접 이용하기 시작하는 시점을 본죄의 실행착수로 본다(대법
원 2000. 1. 14. 선고 99도5187 판결).

나. 특별법상의 가중 구성요건

강간·강제추행의 죄와 마찬가지로 준간강죄 및 준강제추행죄의 주체
가 합동범, 친족, 특수절도범, 특수강도범인 경우에 「성폭력처벌법」에 의해
가중처벌되고, 객체가 소아, 청소년, 장애인인 경우에도 「성폭력처벌법」 및
「청소년성보호법」 등에 의해 가중처벌된다. 또한 위험한 물건을 휴대하고
준강간한 경우에도 특수준강간죄로 가중처벌된다.

4. 위계·위력에 의한 간음·추행의 죄

가. 객체

형법상 위계·위력에 의한 간음·폭행죄는 미성년자 또는 심신미약자
(제302조), 피보호감독자(제303조 제1항)·법률에 의해 구금된 자(제303조 제2
항)를 간음 또는 추행한 경우에 성립하는데, 폭행·협박을 수단으로 사용하
지 않는다는 점에서 강간죄 및 강제추행죄와 구별된다.

나. 행위

위계·위력의 의미와 관련하여 대법원은 "형법 제302조의 위계에 의한 미성년자간음죄에 있어서 위계라 함은 행위자가 간음의 목적으로 상대방에게 오인, 착각, 부지를 일으키고는 상대방의 그러한 심적 상태를 이용하여 간음의 목적을 달성하는 것을 말하는 것이고, 여기에서 오인, 착각, 부지란 간음행위 자체에 대한 오인, 착각, 부지를 말하는 것이지, 간음행위와 불가분적 관련성이 인정되지 않는 다른 조건에 관한 오인, 착각, 부지를 가리키는 것은 아니(대법원 2001. 12. 24. 선고 2001도5074 판결)"라고 판시한 바 있다.

한편 '위력'에 대해서는 "피해자의 자유의사를 제압하기에 충분한 세력을 말하고, 유형적이든 무형적이든 묻지 않으므로 폭행·협박뿐 아니라 사회적·경제적·정치적인 지위나 권세를 이용하는 것도 가능하며, 위력행위 자체가 추행행위라고 인정되는 경우도 포함되고, 이 경우에 있어서의 위력은 현실적으로 피해자의 자유의사가 제압될 것임을 요하는 것은 아니라 할 것(대법원 1998. 1. 23. 선고 97도2506 판결)"이라고 정의한 바 있다.

5. 강간 등 상해·치상죄

형법 제301조에서 강간, 유사강간 또는 강제추행을 하면서 고의로 상해를 입히거나 과실로 상해의 결과를 발생시킨 경우를 강간 등 상해·치상죄로 처벌(무기 또는 5년 이상의 징역)하고 있으며, 특별법인 「성폭력처벌법」 제8조와 「청소년성보호법」 제9조도 이를 가중처벌하는 규정을 두고 있다.

한편 여기서의 '상해'란 "피해자의 신체의 건강상태가 불량하게 변경되고 생활기능에 장애가 초래되는 것(대법원 1994. 11. 4. 선고 94도1311 판결; 대법원 2003. 7. 11. 선고 2003도2313 판결)"을 말한다. 따라서 상처가 극히 경미하여 굳이 치료할 필요가 없고 치료를 받지 않더라도 일상생활을 하는

데 아무런 지장이 없으며 시일이 경과함에 따라 자연적으로 치유될 수 있는 정도라면, 강간치상죄에 있어서의 상해에 해당한다고 할 수 없다(대법원 2004. 3. 11. 선고 2004도483 판결).

6. 강간 등 살인·치사죄

형법 제301조의2는 강간죄, 유사강간죄, 강제추행죄, 준강간죄, 준유사강간죄, 준강제추행죄, 소아의제강간 및 강제추행죄를 범한 자와 그 미수범이 고의로 피해자를 살해하거나 과실로 사망케 한 경우를 강간 등 살해·치사죄로 처벌(무기 또는 10년 이상의 징역)한다. 반면 특별법인「성폭력처벌법」제9조와「청소년성보호법」제10조도 강간 등 살인·치사죄를 가중처벌하고 있다.

다만 강간 등의 죄를 범한 자가 강간 이후 범행의 은폐를 위해 피해자를 살해한 경우에는 강간죄와「특정범죄가중법」제5조의9 제1항(보복목적 살인죄)의 실체적 경합범이 성립하는 반면, 강간 등의 기회에 살인을 한 경우에는 형법 제302조의2(강간 등 살인죄)만이 성립한다.

한편 강도가 동일한 기회에 강간을 한 후 살해한 경우에는 강도강간죄와 강도살인죄의 상상적 경합범이 성립한다.

제 5 장

명예에 관한 죄

    형법전 제33장 [명예에 관한 죄]는 크게 명예훼손죄와 모욕죄로 구성되어 있는데, 명예훼손죄는 적시된 사실의 진실성 여부에 따라 제307조 제1항의 사실적시 명예훼손죄와 제2항의 허위사실적시 명예훼손죄로 나뉘고, 이는 다시 명예훼손 수단이 신문, 잡지 또는 라디오 기타 출판물인 경우에 한하여 제309조의 출판물 등 명예훼손죄에 의해 가중처벌된다. 한편 특별법인 「정보통신망 이용촉진 및 정보보호 등에 관한 법률(약칭: 정보통신망법)」 제70조는 비방할 목적으로 정보통신망을 이용하여 사실 혹은 허위사실을 드러낸 경우를 명예훼손죄로 가중처벌하는 규정을 두고 있다. 또한 형법은 예외적으로 사자의 명예훼손에 대해서도 처벌하는 규정(제308조)을 두고 있다.

    특히 우리 형법은 사실적시 명예훼손죄에 한하여 특수한 위법성조각사유(제310조)를 명문으로 규정하고 있다. 사자의 명예훼손과 모욕죄는 친고죄(제312조 제1항), 명예훼손과 출판물 등 명예훼손은 반의사불벌죄(제312조 제2항)이다.

1. 사실적시·허위사실적시 명예훼손죄

가. 객체

명예훼손죄(제307조)의 객체는 모든 살아 있는 자연인 또는 법인의 명예이다. 대법원은 "명예훼손죄나 모욕죄의 대상으로서의 '사람'은 자연인에 한정하지 않고 인격을 가진 단체도 포함된다(대법원 1959. 12. 23. 선고 4291형상539 판결)"고 판시한 바 있다. 따라서 법인격이 없는 단체의 명예도 본죄의 객체가 될 수 있는지가 문제되나, 독립한 실체를 가지고 법적으로 승인된 사회적 기능을 수행하고 있는 결합체인 이상 명예의 주체가 될 수 있다고 보는 것이 타당하다.

또한 최근에는 집단표시에 의해 집단구성원 전체 또는 개별구성원에 대한 명예훼손죄가 성립하는지가 사회적 이슈가 되었는데, 대법원은 명예훼손에 의한 손해배상판결에서 ① "집단표시에 의한 비난이 개별구성원에 이르러서는 비난의 정도가 희석되어 구성원의 사회적 평가에 영향을 미칠 정도에 이르지 않(았다면)" 구성원 개개인에 대한 명예훼손은 성립되지 않는 것이 원칙이지만, ② 예외적으로 "구성원 수가 적거나 방송 등 당시의 주위 정황 등으로 보아 집단 내 개별구성원을 지칭하는 것으로 여겨질 수 있는 때에는" 집단 내 개별구성원이 피해자로서 특정된다(대법원 2003. 9. 2. 선고 2002다63558 판결)고 판시하면서, 그 피해자 특정의 구체적 기준으로 집단의 크기, 집단의 성격과 집단 내에서의 피해자의 지위 등을 제시한 바 있다.

나. 공연성

명예훼손죄의 요건인 공연성은 "불특정 또는 다수인이 인식할 수 있는 상태"를 말한다(대법원 1984. 2. 28. 선고 83도3124 판결). 하지만 대법원은 "비록 개별적으로 한 사람에 대하여 사실을 유포하였다 하여도 이로부터 불특정 또는 다수인에게 전파될 가능성이 있다면 공연성의 요건을 충족"된다고 판시함으로써, 공연성의 판단기준으로 '전파가능성'이라는 독자적인 기준을 제시하고 있다. 즉 비밀이 보장되거나 전파될 가능성이 없는 경우(대법원 1984. 4. 10. 선고 83도49 판결; 대법원 2000. 2. 11. 선고 99도4579 판결) 또는 특정한 사람에 대한 사실의 유포(대법원 1984. 2. 28. 선고 83도891 판결)는 공연성이 결여된 것으로 보는 반면, 비록 개별적으로 한 사람에 대하여 사실을 유포하였다 하더라도 그로부터 불특정 또는 다수인에게 전파될 가능성이 있다면 공연성의 요건을 충족한다(대법원 2008. 2. 14. 선고 2007도8155 판결).

다. 사실 또는 허위의 사실

명예훼손죄에 있어서의 적시의 내용으로서 사실(제307조 제1항)이란 "가치판단이나 평가를 내용으로 하는 의견표현에 대치되는 개념으로서 시간과 공간적으로 구체적인 과거 또는 현재의 사실관계에 관한 보고 내지 진술(대법원 1998. 3. 24. 선고 97도2956 판결)"로서 그 표현내용이 증거에 의한 입증이 가능한 것을 말한다. 따라서 단지 모멸적인 언사를 사용하여 타인의 사회적 평가를 경멸하거나 자기의 추상적 판단을 표시하는 행위는 모욕죄가 되는 것은 별론으로 하고, 사실의 적시가 없기 때문에 명예훼손죄는 성립하지 않는다. 그리고 판단할 진술이 사실인가 또는 의견인가를 구별함에 있어서는 언어의 통상적 의미와 용법, 입증가능성, 문제된 말이 사용된 문맥, 그 표현이 행하여진 사회적 상황 등 전체적 정황을 고려하여 판단하여야 한다.

또한 적시된 사실은 특정인의 사회적 가치 내지 평가가 침해될 가능성이 있을 정도로 구체성을 띄어야 한다(대법원 1994. 6. 28. 선고 93도696 판결). 따라서 비록 허위의 사실을 적시하였더라도 그 허위의 사실이 특정인의 사회적 가치 내지 평가를 침해할 수 있는 내용이 아니라면 명예훼손죄가 성립하지 않는다. 또한 이미 사회의 일부에 잘 알려진 사실이라고 하더라도 이를 적시하여 사람의 사회적 평가를 저하시킨 경우에는 명예훼손죄가 성립한다(대법원 1994. 4. 12. 선고 93도3535 판결).

한편 형법은 적시된 내용을 '(진실의) 사실(제307조 제1항)'과 '허위의 사실(제307조 제2항)'을 구별하여 후자에 의한 명예훼손행위를 가중처벌하고 있기 때문에, 적시된 사실의 진실성 여부가 중요한 구성요건요소가 된다. 이와 관련하여 대법원은 정보통신망법상 명예훼손죄의 성부가 문제된 사안에서 "허위사실 적시에 의한 명예훼손죄가 성립하려면 그 적시하는 사실이 허위이어야 할 뿐 아니라, 피고인이 그와 같은 사실을 적시할 때에 적시사실이 허위임을 인식하여야 하고, 이러한 허위의 점에 대한 인식 즉 범의에 대한 입증책임은 검사에게 있다(대법원 2010. 10. 28. 선고 2009도4949 판결)"고 판시한 바 있다.

라. 적시

사실을 드러내는 적시의 방법에 관해서는 언어, 문서, 그림 등 아무런 제한이 없다.

이와 관련하여 대법원은 "명예훼손죄에 있어서의 사실의 적시는 사실을 직접적으로 표현한 경우에 한정될 것은 아니고, 간접적이고 우회적인 표현에 의하더라도 그 표현의 전취지에 비추어 그와 같은 사실의 존재를 암시하고, 또 이로써 특정인의 사회적 가치 내지 평가가 침해될 가능성이 있을 정도의 구체성이 있으면 족하다(대법원 1991. 5. 14. 선고 91도420 판결)"고 판시한 바 있다.

다만, 적시의 방법(수단)으로 신문, 잡지 또는 라디오 기타 출판물 등을 이용한 경우에는 비방의 목적을 전제로 하여 제309조가 적용되고, 정보통신망을 이용한 경우에는 「정보통신망법」 제70조가 적용된다.

그리고 명예훼손죄는 실제로 피해자의 사회적 평가(명예)가 훼손되었는지와 관계없이 공연하게 사실을 적시한 때 기수가 성립한다.

마. 위법성조각사유로서 제310조

제310조의 법적 성격에 관해서는 소극적 구성요건요소로 보는 견해와

위법성조각사유로 보는 견해 등이 대립하나, 대법원은 "형법 제310조의 규정은 인격권으로서의 개인의 명예의 보호와 헌법 제21조에 의한 정당한 표현의 자유의 보장이라는 상충되는 두 법익의 조화를 꾀한 것이라고 보아야 할 것이므로, 두 법익간의 조화와 균형을 고려한다면 적시된 사실이 진실한 것이라는 증명이 없더라도 행위자가 진실한 것으로 믿었고 또 그렇게 믿을 만한 상당한 이유가 있는 경우에는 위법성이 없다(대법원 1993. 6. 22. 선고 92도3160 판결)"과 판시함으로써, 위법성조각사유로 파악한다.

또한 그 적용범위와 관련해서는 제309조 제1항에도 적용되는지가 문제되는데, 대법원은 "형법 제307조 제1항의 명예훼손행위가 진실한 사실로서 오로지 공공의 이익에 관한 때에는 위법성이 조각되나 형법 제309조 제1항의 출판물 등에 의한 명예훼손행위는 그것이 오로지 공공의 이익을 위한 행위였다고 하더라도 위법성이 조각되지 않음은 형법 제310조의 규정에 비추어 명백하다(대법원 1995. 6. 30. 선고 95도1010 판결)"고 판시함으로써, 제301조를 제307조 제1항에만 적용되는 위법성조각사유임을 명백히 하고 있다.

제310조의 적용요건 중 사실의 진실성에 대해 착오가 있는 경우, 예컨대 적시한 사실이 진실이 아님에도 불구하고 착오하여 진실이라 믿고 오로지 공공의 이익을 위해 적시한 경우에도 제310조가 적용되는지가 문제된다. 이와 관련해서는 ① 제310조는 위법성조각사유이므로, 적용요건인 '적시된 사실의 진실성'에 착오는 위법성조각사유의 전제사실에 대한 착오로 보는 견해, ② 허위사실을 진실로 오인한 것은 사실의 착오인 반면, 적시한 사실의 진실성을 착오하여 자신의 행위가 제310조에 해당하여 허용된다고 오인한 것은 법률의 착오가 된다는 보는 견해, ③ 제310조가 적용되기 위해서는 성실한 검토의무의 이행이 필요하다고 보고, 비록 진실성에 대해 착오했더라도 성실한 검토의무를 이행했다면 제310조가 적용되어 위법성이 적용된다고 보는 견해 등이 대립한다.

하지만 대법원은 "공연히 사실을 적시하여 사람의 명예를 훼손한 행위가 형법 제310조에 따라서 위법성이 조각되어 처벌받지 않기 위하여는 적시된 사실이 객관적으로 볼 때 공공의 이익에 관한 것으로서 행위자도 공공의 이익을 위하여 그 사실을 적시한 것이어야 될 뿐만 아니라, 그 적시된 사실이 진실한 것이거나 적어도 행위자가 그 사실을 진실한 것으로 믿었고 또 그렇게 믿을 만한 상당한 이유가 있어야 한다(대법원 1994. 8. 26. 선고 94도237 판결)"고 판시함으로써, 상당한 이유의 심사를 통해 위법성조각 여부를 판단한다.

2. 출판물 등에 의한 명예훼손죄

가. 적시의 수단으로서 '신문, 잡지 또는 라디오 기타 출판물'

형법 제309조는 기본 구성요건인 제307조에 고의 이외에 '비방의 목적'과 수단으로서 '신문, 잡지 또는 라디오 기타 출판물'을 구성요건요소로 추가하여 가중처벌하는데, 이는 비방목적이 행위반가치를, 출판물 등의 수단이 결과반가치를 증대시키기 때문이다.

먼저 제309조가 적시의 수단으로 언급하고 있는 '신문, 잡지 또는 라디오'에 대해서는 의문이 없으나, '기타 출판물'의 의미에 대해서는 논란이 있다. 이와 관련하여 대법원은 "형법이 출판물 등에 의한 명예훼손죄를 일반 명예훼손죄보다 중벌하는 이유는 사실적시의 방법으로서의 출판물 등의 이용이 그 성질상 다수인이 견문할 수 있는 높은 전파성과 신뢰성 및 장기간의 보존가능성 등 피해자에 대한 법익침해의 정도가 더욱 크다는 데 있다는 점에 비추어 보면, 형법 제309조 제1항 소정의 '기타 출판물'에 해당한다고 하기 위하여는 그것이 등록·출판된 제본인쇄물이나 제작물은 아니라고 할지라도 적어도 그와 같은 정도의 효용과 기능을 가지고 사실상 출판물로 유통·통용될 수 있는 외관을 가진 인쇄물로 볼 수 있어야 한다(대법원 1997. 8. 26. 선고 97도133 판결)"고 판시한 바 있다.

한편 법조문에 언급되어 있지 않은 TV나 인터넷(정보통신망)을 이용한 경우에도 제309조가 적용되는지가 문제되는데, 인터넷 등 정보통신망을 이용하여 명예훼손한 경우는 특별법인 정보통신망법 제70조가 적용되고, TV의 경우에는 명문의 규정이 없고 이를 '기타 출판물'로 해석하는 것도 무리가 있다는 점에서 제309조가 적용되지 않는다고 보는 것이 타당하다.

나. 비방의 목적

제309조는 주관적 구성요건요소로서 고의 이외에 비방의 목적을 규정하고 있는데, 대법원은 "형법 제309조 제1항 소정의 '사람을 비방할 목적'이란 가해의 의사 내지 목적을 요하는 것으로서 공공의 이익을 위한 것과는 행위자의 주관적 의도의 방향에 있어 서로 상반되는 관계에 있다(대법원 1998. 10. 9. 선고 97도158 판결)"고 정의하면서 "비방할 목적이 있는지 여부는 당해 적시 사실의 내용과 성질, 당해 사실의 공표가 이루어진 상대방의 범위, 그 표현의 방법 등 그 표현 자체에 관한 제반 사정을 감안함과 동시에 그 표현에 의하여 훼손되거나 훼손될 수 있는 명예의 침해 정도 등을 비교, 고려하여 결정하여야 한다(대법원 2003. 12. 26. 선고 2003도6036 판결)"고 설시하고, "적시한 사실이 공공의 이익에 관한 것인 경우에는 특별한 사정이 없는 한 비방 목적은 부인된다고 봄이 상당하므로 이와 같은 경우에는 형법 제307조 제1항 소정의 명예훼손죄의 성립 여부가 문제될 수 있고 이에 대하여는 다시 형법 제310조에 의한 위법성 조각 여부가 문제로 될 수 있다(대법원 1998. 10. 9. 선고 97도158 판결)"고 판시한 바 있다.

3. 사자명예훼손죄

형법 제308조는 사자에 대한 사회적·역사적 평가를 보호법익으로 하여, 허위사실의 적시에 의한 명예훼손행위를 처벌하는데, 본죄는 유족의 고소가 있어야 공소제기가 가능한 친고죄이다.

한편 최근 실존인물을 소재로 한 영상물과 관련하여 사자명예훼손죄가 문제된 사안에서 대법원은 "역사적 인물을 모델로 한 드라마(즉, 역사드라마)가 그 소재가 된 역사적 인물의 명예를 훼손할 수 있는 허위사실을 적시하였는지 여부를 판단할 때에는 적시된 사실의 내용, 진실이라고 믿게 된 근거나 자료의 신빙성, 예술적 표현의 자유로 얻어지는 가치와 인격권의 보호에 의해 달성되는 가치의 이익형량은 물론 역사드라마의 특성에 따르는 여러 사정과 드라마의 주된 제작목적, 드라마에 등장하는 역사적 인물과 사건이 이야기의 중심인지 배경인지 여부, 실존인물에 의한 역사적 사실과 가상인물에 의한 허구적 이야기가 드라마 내에서 차지하는 비중, 드라마 상에서 실존인물과 가상인물이 결합된 구조와 방식, 묘사된 사실이 이야기 전개상 상당한 정도 허구로 승화되어 시청자의 입장에서 그것이 실제로 일어난 역사적 사실로 오해되지 않을 정도에 이른 것으로 볼 수 있는지 여부 등을 종합적으로 고려하여야만 한다(대법원 2010. 4. 29. 선고 2007도8411 판결)"고 설시함으로써, 그 판단기준을 제시한 바 있다.

4. 모욕죄

모욕죄(제311조)에서 말하는 '모욕'이란 "사실을 적시하지 아니하고 사람의 사회적 평가를 저하시킬 만한 추상적 판단이나 경멸적 감정을 표현하는 것이다(대법원 2008. 12. 11. 선고 2008도8917 판결)"을 말하는데, 그 방법은 사람을 경멸하는 내용을 표시할 수 있는 것이면 아무런 제한이 없다.

그러나 명예훼손죄과 달리 모욕죄에 대해서는 제310조가 적용되지 않고, 다만 대법원에 따르면 "어떤 글이 특히 모욕적인 표현을 포함하는 판단 또는 의견의 표현을 담고 있는 경우에도 그 시대의 건전한 사회통념에 비추어 그 표현이 사회상규에 위배되지 않는 행위로 볼 수 있는 때에는 형법 제20조에 의하여(대법원 2008. 7. 10. 선고 2008도1433 판결)" 예외적으로 위법성이 조각될 수 있다.

제6장

신용, 업무와 경매에 관한 죄

1. 신용훼손죄

신용훼손죄(제313조)는 허위의 사실을 유포하거나 위계로써 사람의 신용을 훼손하는 범죄이다. 여기의 신용이란 경제적 신용, 즉 사람의 지급능력 또는 지급의사에 대한 사회적 신뢰(대법원 2011. 5. 13. 선고 2009도5549 판결)를 의미한다.

본죄는 허위의 사실을 유포하거나 기타 위계로써 사람의 신용을 저하시킬 염려가 있는 상태를 발생시키는 경우에 성립하는데, 여기서 '허위사실의 유포'라 함은 객관적으로 보아 진실과 부합하지 않는 과거 또는 현재의 사실을 불특정 또는 다수인에게 전파시키는 것을 말하고, '위계'라 함은 행위자의 행위목적을 달성하기 위하여 상대방에게 오인·착각 또는 부지를 일으키게 하여 이를 이용하는 것을 말한다(대법원 2006. 12. 7. 선고 2006도3400 판결). 따라서 단순한 의견을 제시하거나 가치판단을 표시하는 것은 본죄에 해당하지 않는다.

신용을 훼손한다는 것은 사람의 지급능력 또는 지급의사에 관한 사회적 신뢰를 저하케 하는 상태를 야기시키는 것을 의미한다. 하지만 신용훼손죄의 결과를 신용에 대한 침해로 볼 것인지, 아니면 위험범으로 볼 것인지를 두고 견해가 대립한다. 하지만 대법원은 "(피고인의) 행위가 피해자의 경제적 신용, 즉 지불능력이나 지불의사에 대한 사회적 신뢰를 저해하는 행위에 해당한다고 보기는 어렵다(대법원 2011. 5. 13. 선고 2009도5549 판결)" 는 이유로 신용훼손죄의 성립을 부정하고 있어 신용훼손죄를 위험범으로 이해한다.

신용훼손죄의 고의와 관련해서는 반드시 확정적인 고의만을 요하는 것은 아니고, 허위사실을 유포하거나 기타 위계를 사용한다는 점과 그 결과 다른 사람의 신용을 저하시킬 염려가 있는 상태가 발생한다는 점에 대한 미필적 인식으로도 족하다 할 것이다(대법원 2006. 12. 7. 선고 2006도3400 판결).

2. 업무방해죄

가. 보호법익으로서 업무

업무방해죄(제314조 제1항)의 보호법익으로서의 '업무'란, "직업 기타 사회생활상의 지위에 기하여 계속적으로 종사하는 사무 또는 사업(대법원 2004. 10. 28. 선고 2004도1256 판결)"을 말하는데, 여기에서 말하는 사무 또는 사업은 그것이 사회생활적인 지위에 기한 것이면 족하고 경제적인 것이어야 할 필요는 없으며, 또 그 행위 자체는 1회성을 갖는 것이라고 하더라도 계속성을 갖는 본래의 업무수행의 일환으로서 행하여지는 것이라면, 업무 방해죄에 의하여 보호되는 업무에 해당된다(대법원 1995. 10. 12. 선고 95도 1589 판결).

또한 업무방해죄의 '업무'는 보호대상이므로 타인의 위법한 행위에 의한 침해로부터 보호할 가치가 있어야 하지만, 그 업무의 기초가 된 계약 또는 행정행위 등이 반드시 적법하여야 하는 것은 아니다(대법원 1991. 6. 28. 선고 91도944 판결).

나. 행위

업무방해죄의 구성요건행위는 신용훼손죄(허위사실의 유포 또는 위계)의 행위에 '위력'이 추가되는데, 이때 '위력'이라 함은 "사람의 자유의사를 제압·혼란케 할 만한 일체의 유형·무형의 세력(대법원 2007. 6. 14. 선고 2007도2178 판결)"으로서, 폭행·협박은 물론 사회적·경제적·정치적 지위와 권세에 의한 압박도 포함된다. 또한 반드시 업무에 종사 중인 사람에게 직접 가해지는 세력이 아니더라도 사람의 자유의사나 행동을 제압할 만한 일정한 물적 상태를 만들어 그 결과 사람으로 하여금 정상적인 업무수행 활동을 불가능하게 하거나 현저히 곤란하게 하는 행위도 이에 포함될 수가 있다(대법원 2009. 9. 10. 선고 2009도5732 판결). 여기서 현실적으로 피해자의 자유의사가 제압된 것을 요하지 않는다(대법원 1987. 4. 28. 선고 87도453, 87감도41 판결).

다. 결과

업무방해죄에 있어서 '업무를 방해한다'는 의미는 "특정한 업무 그 자체를 방해하는 것뿐 아니라 널리 업무수행의 원활한 진행을 저해하는 것도 포함한다(대법원 1999. 5. 14. 선고 98도3767 판결)". 대법원은 업무방해의 결과를 초래할 위험이 발생하면 업무방해죄의 (기수)가 성립한다(대법원 1991. 6. 28. 선고 91도944 판결)고 보기 때문에, 업무방해의 결과가 실제로 발생함을 요하지 않는다.

3. 경매·입찰방해죄

형법 제315조의 입찰방해죄는 입찰의 공정을 보호법익으로 하는 죄이다. 입찰의 공정을 해한다 함은 "공정한 자유경쟁을 방해할 염려가 있는 상태를 발생시키는 것, 즉 공정한 자유경쟁을 통한 적정한 가격형성에 부당

한 영향을 주는 상태를 발생시키는 것(대법원 2003. 9. 26. 선고 2002도3924 판
결)"을 의미한다. 다만 담합행위에 본죄가 적용되는지가 문제되는데, 대법
원은 "입찰자들의 전부 또는 일부 사이에서 담합을 시도하는 행위가 있었
을 뿐 실제로 담합이 이루어지지 못하였고, 또 위계 또는 위력 기타의 방법
으로 담합이 이루어진 것과 같은 결과를 얻어내거나 다른 입찰자들의 응찰
내지 투찰행위를 저지하려는 시도가 있었지만 역시 그 위계 또는 위력 등
의 정도가 담합이 이루어진 것과 같은 결과를 얻어내거나 그들의 응찰 내
지 투찰행위를 저지할 정도에 이르지 못하였고 또 실제로 방해된 바도 없
다면, 이로써 공정한 자유경쟁을 방해할 염려가 있는 상태, 즉 공정한 자유
경쟁을 통한 적정한 가격형성에 부당한 영향을 주는 상태를 발생시켜 그
입찰의 공정을 해하였다고 볼 수 없어, 이는 입찰방해 미수행위에 불과하
고 입찰방해죄의 기수에 이르렀다고 할 수는 없다(대법원 2003. 9. 26. 선고
2002도3924 판결)"고 판시한 바 있다.

　　입찰방해죄는 위계 또는 위력 기타의 방법으로 입찰의 공정을 해하는
경우에 성립하는 위태범으로서, 입찰의 공정을 해할 행위를 하면 그것으로
족한 것이지 현실적으로 입찰의 공정을 해한 결과가 발생할 필요는 없다
(대법원 1994. 5. 24. 선고 94도600 판결). 따라서 입찰참가자들 중 일부 사이
에만 담합이 이루어진 경우라고 하더라도 그것이 입찰의 공정을 해하는 것
으로 평가되는 이상 입찰방해죄는 성립한다(대법원 2009. 5. 14. 선고 2008도
11361 판결). 예컨대 일부 입찰참가자들이 가격을 합의하고, 낙찰이 되면 특
정 업체가 모든 공사를 하기로 합의하는 등 담합하여 투찰행위를 한 경우,
이는 '적법하고 공정한 경쟁방법'을 해하는 행위로서 입찰의 공정을 해하는
경우에 해당하기 때문에 결과적으로 투찰에 참여한 업체의 수가 많아서 실
제로 가격형성에 부당한 영향을 주지 않았다고 하더라도 입찰방해죄는 성
립한다.

　　한편 형법은 입찰방해의 미수는 따로 처벌하지 않는다.

제7장

사생활의 평온에 관한 죄

1. 비밀침해죄

가. 보호법익 및 보호정도

비밀침해죄(제316조)는 사생활의 비밀을 보호법익으로 하며, 현실적인 침해를 요하지 않고 비밀침해의 구체적 위험이 발생하면 기수가 성립한다. 예컨대 봉함된 편지를 개봉하였다면, 설사 그 내용을 보지 않았거나 아무런 내용도 없었더라도 비밀침해죄는 성립한다. 또한 비밀침해죄는 친고죄로서 이해당사자(예컨대, 송·수신자)의 고소가 있어야 공소를 제기할 수 있다.

나. 객체

여기서 '봉함'이란 봉하여 붙인 것을 말하고, '기타 비밀장치'는 봉함 이외의 방법으로 외포를 만들어 쉽사리 그 내용을 알 수 없게 만든 일체의 장치를 말한다. 본죄는 사생활의 비밀을 보호법익으로 하기 때문에, 이러한 봉함 기타 비밀장치가 되어 있지 않은 것은 본죄의 객체에 포함되지 않는다.

한편 편지란 발송전후 혹은 발송중인지, 공식적인 우편물인지 등을 불문하며, 문서는 (편지를 제외하고) 문자나 그 밖의 발음부호로 특정인의 의사를 표시한 것을 말한다. 또한 도화는 도면과 그림으로서 비밀에 해당하

141

는 내용이 포함되어 있으면 의사표시가 담겨 있지 않더라도 본죄의 객체가 된다. 그리고 제2항의 '전자기록 등 특수매체기록'이란 데이터를 광학적 기술 또는 전자적 기술로 기록한 것으로 사람의 육안으로는 그 내용을 직접 인지할 수 없는 것을 말하는데, 컴퓨터 하드디스크, CD, USB 등이 이에 해당한다.

다. 행위

제1항의 '개봉'은 봉함 기타 비밀장치를 훼손하여 그 내용이 공개될 수 있는 상태에 두는 것을 말하며, 제2항의 '기술적 수단을 통하여 내용을 알아낸다'는 것은 봉함 기타 비밀장치를 물리적으로 훼손하지 않고 그 내용을 인지하는 것을 말한다. 예컨대 자외선 탐지나 컴퓨터 조작 등을 통한 투시 등이 이에 해당한다.

2. 업무상비밀누설죄

가. 주체

업무상비밀누설죄(제317조)의 주체는 '의사, 한의사, 치과의사, 약제사, 약종상, 조산사, 변호사, 변리사, 공인회계사, 공증인, 대서업자나 그 직무상 보조자 또는 차등의 직에 있던 자(제1항)' 또는 '종교의 직에 있는 자 또는 있던 자(제2항)'로서 직업의 특성상 타인의 비밀을 지득하고 취급하는 자로 죄의 성립이 제한된다는 점에서 진정신분범에 해당한다. 따라서 제317조 이외의 직업종사자의 업무상비밀누설행위는 관련법(의료법 제19조, 세무사법 제22조 등)에 의해 개별적으로 규율될 수 있을 뿐 형법상 본죄가 성립하지는 않는다.

나. 객체

본죄의 객체인 비밀은 위와 같은 신분자가 직무처리 중(제1항) 또는 직

수수행상(제2항) 알게 된 비밀이어야 한다. 따라서 직무와 무관하게 개인적으로 알게 된 비밀은 이에 포함되지 않는다. 또한 본죄의 비밀은 본인이 비밀로 할 것을 원할 뿐만 아니라 객관적으로도 비밀로 할 이익이 있어야 한다.

다. 누설

누설이란 그 비밀사항을 타인에게 알게 하는 것을 말한다. 따라서 누설을 통해 비밀이 상대방에게 도달한 시점에 기수가 성립하는데, 반드시 상대방이 그 내용을 인지할 필요는 없다.

3. 주거침입죄·특수주거침입죄

형법전 제36장 [주거침입의 죄]는 주거침입죄(제319조 제1항)와 퇴거불응죄(제319조 제2항)을 기본 구성요건으로 하고, 특수주거침입죄(제320조)를 가중처벌하는 규정을 두는 반면 독립 구성요건으로서 주거·신체수색죄(제321조)를 규정하고 있으며, 이 장의 모든 죄에 대한 미수범을 처벌한다.

가. 보호법익 및 보호정도

주거침입죄의 보호법익에 관해서는 '사실상 주거의 평온'으로는 보는 견해와 '주거권'으로 보는 견해가 대립하나, 대법원은 "형법상 주거침입죄의 보호법익은 주거권이라는 법적 개념이 아니고 사적 생활관계에 있어서의 사실상 주거의 자유와 평온으로서 그 주거에서 공동생활을 하고 있는 전원이 평온을 누릴 권리가 있다 할 것이나 복수의 주거권자가 있는 경우 한 사람의 승낙이 다른 거주자의 의사에 직접·간접으로 반하는 경우에는 그에 의한 주거에의 출입은 그 의사에 반한 사람의 주거의 평온 즉 주거의 지배·관리의 평온을 해치는 결과가 되므로 주거침입죄가 성립한다(대법원 1984. 6. 26. 선고 83도685 판결)"고 판시함으로써 '사실상 주거의 평온'을 주거침입죄의 보호법익으로 본다.

나. 객체

본죄의 객체로서 먼저 '사람의 주거'란, 일상생활을 영위하기 위하여 점거하는 장소를 말하며, 그 설비나 구조는 불문한다. 또한 주거에 거주자가 반드시 현존할 필요는 없으며, 주거의 소유관계 역시 문제되지 않는다. 대법원도 "주거침입죄는 사실상의 주거의 평온을 보호법익으로 하는 것이므로 그 거주자 또는 간수자가 건조물 등에 주거 또는 간수할 권리를 가지고 있는 여부는 범죄의 성립을 좌우하는 것이 아니며 점유할 권리없는 자의 점유라 하더라도 그 주거의 평온은 보호되어야 할 것이므로 권리자가 그 권리를 실현함에 있어 법에 정하여진 절차에 의하지 아니하고 그 주거 또는 건조물에 침입하는 경우에는 주거침입죄가 성립한다(대법원 1984. 4. 24. 선고 83도1429 판결)"고 판시한 바 있다.

다음으로 '관리하는 건조물·선박·항공기'에서 '관리'라 함은 타인이 함부로 침입하는 것을 방지할 만한 인적·물적 설비를 갖춘 상태를 의미하고, '점유하는 방실'은 건조물 내에서 사실상 지배·관리되는 구역으로서, 건물 내의 사무실, 호텔의 객실, 대학건물의 교수연구실 등이 이에 해당한다.

한편 건조물에 인접하여 그 이용에 기여하는 부속토지(위요지)도 본죄의 객체가 되는지와 관련하여 대법원은 "건조물침입죄에 있어서 건조물이라 함은 단순히 건조물 그 자체만을 말하는 것이 아니고 위요지를 포함한다 할 것인데, 위요지가 되기 위하여는 건조물에 인접한 그 주변 토지로서 관리자가 외부와의 경계에 문과 담 등을 설치하여 그 토지가 건조물의 이용을 위하여 제공되었다는 것이 명확히 드러나야 한다(대법원 1983. 3. 8. 선고 82도1363 판결)"고 판시한 바 있다.

또한 대법원은 "일반적으로 개방되어 있는 장소라 하더라도 관리자가 필요에 따라 그 출입을 제한할 수 있는 것이므로 관리자의 출입제지에도 불구하고 다중이 고함이나 소란을 피우면서 건조물에 출입하는 것은 사실상의 주거의 평온을 해하는 것으로서 건조물침입죄를 구성한다(대법원 1996. 5. 10. 선고 96도419 판결)"고 판시한 바 있다.

다. 침입

침입이란 "주거자(관리자 또는 점유자)의 의사에 반하여 주거 등에 신체(의 일부)가 들어가는 것"을 의미한다. 한편 주거침입죄의 실행착수와 관련하여 대법원은 "주거자, 관리자, 점유자 등의 의사에 반하여 주거나 관리하는 건조물 등에 들어가는 행위, 즉 구성요건의 일부를 실현하는 행위까지 요구하는 것은 아니고, 범죄구성요건의 실현에 이르는 현실적 위험성을 포함하는 행위를 개시하는 것으로 족하다(대법원 2003. 10. 24. 선고 2003도4417 판결)"고 봄으로써, 실행착수시점을 실행행위(신체적 침입)의 직전으로까지 앞당기고 있다.

또한 기수시기와 대해서는 "신체의 일부만 타인의 주거 안으로 들어갔다고 하더라도 거주자가 누리는 사실상의 주거의 평온을 해할 수 있는 정도에 이르렀다면 범죄구성요건을 충족하는 것이라고 보아야(대법원 1995. 9. 15. 선고 94도2561 판결)" 한다고 봄으로써, 보호법익의 침해 여부를 기준으로 판단한다.

다만 행위 시에 반드시 신체의 전부가 타인의 주거 안으로 들어간다는 인식이 있어야만 하는 것은 아니며 신체의 일부라도 타인의 주거 안으로 들어간다는 인식이 있으면 족하다(대법원 1995. 9. 15. 선고 94도2561 판결).

반면 '단체 또는 다중의 위력을 보이거나 위험한 물건을 휴대하여' 침입한 때에는 형법 제320조의 특수주거침입죄가 성립하여 가중처벌된다.

라. 위법성조각사유

법령(예컨대, 형사소송법상 압수·수색·체포·구속을 위한 주거침입) 및 사회상규에 의한 정당행위나 긴급피난(예컨대, 물려고 달려드는 개를 피하기 위해 타인의 건조물에 들어간 경우)에 위법성이 조각될 수 있다.

마. 죄수 및 타죄와의 관계

주거침입죄는 계속범이기 때문에, 체류시간과 무관하게 그 장소로부터 퇴거할 때까지는 일죄만이 성립한다. 하지만 다른 사람의 주택에 무단 침입한 범죄사실로 이미 유죄판결을 받은 사람이 그 판결이 확정된 후에도 퇴거하지 않은 채 계속하여 당해 주택에 거주한 경우, 대법원은 "위 판결 확정 이후의 행위는 별도의 주거침입죄를 구성한다(대법원 2008. 5. 8. 선고 2007도11322 판결)"고 판시하였다.

한편 주거침입을 위한 수단으로 행해진 재물손괴죄는 본죄와 상상적 경합관계를 이루며, 주거침입죄와 결합된 재산범죄인 야간주거침입절도죄(제330조), 특수절도죄(제331조 제1항), 특수강도죄(제344조 제1항) 등과는 법조경합(흡수)관계이기 때문에 주거침입죄는 별도로 성립하지 않는다. 다만 결합범이 아닌 경우나 주거침입의 기회에 사후적으로 재산범죄가 행해진 경우에는 실체적 경합범이 성립한다.

4. 퇴거불응죄

퇴거불응죄(제319조 제2항)는 일단 적법하게 주거에 들어간 자가 퇴거요구를 받고도 이에 불응하여 나가지 않는 경우에 성립하는 범죄로서, 진정부작위범에 해당한다.

가. 퇴거요구

여기서 퇴거요구는 명시적이든 묵시적이든 상관없고, 단 1회의 퇴거요구만으로 충분하다. 다만 주거권자·관리자 또는 점유자 혹은 그로부터 위탁받은 자의 정당한 퇴거요구이어야 한다. 대법원도 "사용자의 직장폐쇄가 정당한 쟁의행위로 인정되지 아니하는 때에는 적법한 쟁의행위로서 사업장을 점거 중인 근로자들이 직장폐쇄를 단행한 사용자로부터 퇴거 요구를 받고 이에 불응한 채 직장점거를 계속하더라도 퇴거불응죄가 성립하지 아니한다(대법원 2007. 12. 28. 선고 2007도5204 판결)"고 판시함으로써, 퇴거요구의 정당성을 전제로 본죄의 성립을 판단한다.

나. 불응

퇴거요구에 불응함으로써 진정부작위범인 본죄가 성립하려면, 먼저 일반적인 작위가능성, 즉 퇴거요구에 응할 수 있는 현실적인 가능성이 있어야 한다. 따라서 퇴거요구 당시 행위자에게 퇴거할 수 있는 신체적 능력과 퇴거에 필요한 최소한의 시간이 있어야 함은 물론이다.

형법은 제322조에 따라 퇴거불응죄에 대해서도 미수범 처벌규정을 두고 있다. 하지만 퇴거불응죄는 퇴거요구에 불응하는 즉시 기수가 성립되기 때문에 현실적으로 미수범의 영역이 존재하지 않는다는 점에서 입법적 개선이 필요하다.

5. 주거·신체수색죄

형법 제321조는 일단 적법하게 주거에 들어간 자가 사람의 신체·주거·건조물·방실 등을 수색한 경우에 성립하는 범죄로서, 사실상 주거의 평온 뿐 아니라 개인의 신체적 자유 및 사생활의 자유까지 보호법익으로 한다.

여기서 '수색'이라 함은 사람 또는 물건의 발견을 목적으로 사람의 신체 또는 일정한 장소를 조사하는 것을 말한다.

단, 관리자 또는 점유자의 의사에 반하여 주거 등에 들어간 자가 수색까지 한 경우에는 주거침입죄와 주거수색죄의 실체적 경합범이 성립하는 반면 절도의 목적으로 주거에 침입하여 금품을 물색한 경우에는 불가벌적 수반행위로서 본죄는 성립하지 않는다.

제2편

사회적 법익에 대한 죄

제1장

공공의 안전과 평온에 관한 죄

제 1 절 공안을 해하는 죄

공안을 해하는 죄는 공공의 법질서 또는 공공의 안전과 평온을 해하는 범죄이다. 범죄단체등조직죄, 소요죄, 다중불해산죄(제114조에서 제116조)는 공공의 안전을 보호법익으로 하는 추상적 위험범이다. 전시공수계약불이행죄(제117조)와 공무원자격사칭죄(제118조)는 체계상 국가적 법익을 보호대상으로 한다.

제 2 절 폭발물에 관한 죄

폭발물에 관한 죄는 공공의 위험발생으로부터 사회의 안전과 평온 및 사람의 생명·신체와 재산을 보호하는 공공위험죄이다. 폭발물을 사용하여 보호법익을 위험하게 하는 구체적 위험발생이 필요하다. 여기에는 폭발물사용죄(제119조), 전시폭발물사용죄(제120조)와 전시폭발물제조·수입·수출·수수·소지죄(제121조)가 있다.

제 3 절 방화와 실화의 죄

1. 보호법익과 체계

방화와 실화죄는 고의나 과실로 불특정 또는 다수인의 생명, 신체나 재산을 소훼하여 공공의 위험을 초래하는 공공위험범죄이다. 공공의 안전과 평온 외에도 재산을 함께 보호법익으로 삼는다는 점에서 재산죄의 성격도 지닌다. 현주건조물방화죄와 공용건조물방화죄, 타인소유 일반건조물방화죄 및 그 실화죄는 추상적 위험범이다. 자기소유 일반건조물방화죄와 일반물건방화죄, 그 실화죄 및 연소죄 등은 구체적 위험범이다. 다만 재산에 관하여는 침해범으로 본다.

구성요건체계는 방화나 실화의 객체가 보호받아야 할 법익의 중요성을 기준으로 차등을 두고 있다. 즉 사람의 현주나 현존, 공용과 공익, 타인소유에 대한 위험을 보다 중하게 보고 있다. 다만, 자기 소유에 속하는 물건이라도 압류 기타 강제처분을 받거나 타인의 권리 또는 보험의 목적물이 된 때에는 본장에서 타인의 물건으로 간주한다(제176조).

현주건조물등방화죄, 공용건조물등방화죄, 타인소유 일반건조물등 방화죄 등에는 예비·음모를 벌한다(제175조). 산림방화에 관하여는 산림자원의 조성 및 관리에 관한 법률(제71조 제1항)이 적용된다.

2. 현주건조물등 방화죄

현주건조물등 방화죄(제164조 제1항)는 사람이 주거로 사용하거나 사람이 현존하는 건조물, 기차, 전차, 자동차, 선박, 항공기, 광갱 등에 불을 놓아 훼손하는 행위를 벌한다. 여기서 사람은 타인을 의미하므로, 자신이 주거로 사용하거나 자신이 현존하는 건조물은 자기소유건조물방화죄나 일반건조물방화죄가 적용된다. 주거는 일시적이더라도 일상생활의 장소로 사용하는 것을 말한다. 주거로 사용하는 건조물이라면 현존 여부나 소유자를 불문하며 일부분이 사용되더라도 본죄에 해당한다. 주거사용에 적법성은 요건이 아니다.

사람이 현존한다는 것은 주거사용이 목적이 아닌 건조물 등이라도 행위시 사람이 있으면 충족된다는 뜻이다. 사람이 현존한다면 소유자는 상관없으나, 사람을 살해하고 방화한 때에도 본죄에 해당하는지는 논란이 있다.

방화는 불을 놓아 건조물 등을 소훼하는 것이다. 불을 놓는다는 것은 목적물에 직접 불을 놓는 것은 물론 매개물에 불을 놓은 행위도 포함한다. 매개물에 불을 붙였거나 하여 연소작용이 계속될 수 있는 상태에 이른 때를 실행의 착수로 본다(대법원 2002. 3. 26. 선고 2001도6641 판결). 소훼는 목적물을 불태워 훼손시키는 것이다. 기수는 화력이 매개물을 떠나 목적물이 스스로 연소할 수 있는 상태인 때 인정된다(대법원 2007. 3. 16. 선고 2006도9164 판결). 판례가 취하는 독립연소설 외에도 효용상실설과 중요부분 연소개시설, 일부손괴시설 등이 있다. 본죄는 추상적 위험범이며 미수를 벌한다.

3. 현주건조물 방화치사상죄

본죄는 현주건조물 등에 방화죄를 범하여 사람을 상해나 사망에 이르게 한 경우에 성립한다(제164조 제2항). 다수설과 판례는 본죄가 방화를 하고 과실로 상해나 사망 결과에 이른 경우뿐 아니라 고의로 상해나 살해한 때에도 성립하는 부진정 결과적 가중범으로 해석한다(대법원 1996. 4. 26. 선고 96도485 판결). 부진정 결과적 가중범을 인정하지 않으면 방화 후 고의로 상해나 살해한 경우를 현주건조물등방화죄와 상해죄 혹은 살인죄의 상상적 경합으로 의율하게 되어, 과실로 치사상한 경우보다 가볍게 벌하는 형의 불균형이 발생하기 때문이다.

상해 또는 사망의 결과는 정범 혹은 공동정범 외의 사람에 대하여 발생해야 한다. 상해나 사망에 대하여는 고의 또는 과실이 있어야 한다. 살인의 고의로 현주건조물에 방화한 경우 본죄와 살해죄의 상상적 경합이라는 견해에 대하여 판례는 본죄만 성립한다고 본다(대법원 1996. 4. 26. 선고 96도 485 판결). 판례도 본죄와 강도살인죄는 상상적 경합범 관계에 선다고 한다 (대법원 1998. 12. 8. 선고 98도3416 판결).

4. 공용건조물등 방화죄

본죄는 불을 놓아 공용 또는 공익에 공하는 건조물, 기차, 전차, 자동 차, 선박, 항공기 또는 광갱을 소훼한 경우에 성립한다(제165조).

5. 일반건조물등 방화죄

본죄는 불을 놓아 현주건조물, 일반건조물등 외에 타인 소유의 건조물, 기차, 전차, 자동차, 선박, 항공기, 광갱을 소훼한 경우에 성립한다(제166조 제1항). 자기 소유 일반건조물방화죄는 자기 소유에 속하는 일반건조물을 소훼하여 공공의 위험을 발생하게 한 때 성립한다(제166조 제2항). 타인 소유 건조물에 대하여는 추상적 위험범, 자기 소유는 구체적 위험범으로 본다.

6. 일반물건 방화죄

불을 놓아 현주건조물, 공용건조물, 일반건조물 이외의 물건을 소훼하 여 공공의 위험을 발생하게 한 때에 성립한다(제167조 제1항). 이 물건이 자 기의 소유에 속한 때에는 자기 소유 일반물건 방화죄가 성립한다(제167조 제2항). 자기 소유 일반물건에 대하여는 구체적 위험범으로 본다.

7. 연소죄

방화연소죄는 자기 소유 건조물이나 물건에 대한 방화행위로 타인 소유의 현주건조물, 건조물, 물건 등에 불이 옮겨 붙은 경우에 성립한다(제168조 제1항). 자기 소유 일반물건에 대한 방화로 타인 소유 일반물건에 불이 옮겨 붙은 경우에도 성립한다(제168조 제2항). 연소죄는 방화죄의 결과적 가중범이다. 기본범죄인 방화행위에는 고의가, 연소결과에는 과실이 요구된다. 다수설은 기본범죄로서 방화에 미수범은 포함되지 않는다고 본다.

8. 진화방해죄

진화방해죄는 화재가 발생한 상황에서 진화용 시설이나 물건을 은닉, 손괴하거나 기타 방법으로 진화를 방해하는 경우에 성립한다(제169조). 진화방해의 결과를 요하지 않는다는 점에서 추상적 위험범으로 본다.

9. 단순실화죄

과실로 제164조 또는 제165조에 기재한 물건, 타인 소유에 속하는 제166조에 기재한 물건을 소훼한 때에 성립한다(제170조 제1항). 자기 소유라도 제166조 또는 제167조에 기재한 물건을 과실로 소훼하여 공공의 위험을 발생한 경우에는 성립한다(제170조 제2항). 판례는 제2항의 객체로서 '제167조에 기재한 물건'은 타인 소유를 포함한다고 해석하고 있다(대법원 1994. 12. 20.자 94모32 전원합의체 결정). 제1항과 달리 제2항은 목적물의 소훼와 공공의 위험이 발생해야 하는 구체적 위험범이다.

10. 업무상실화 · 중실화죄

업무상 과실 또는 중대한 과실로 실화죄를 범한 경우에 성립한다(제 171조). 업무상 실화죄는 업무자라는 신분으로 책임이 가중되며, 중실화죄 는 중대한 과실로 불법이 가중되는 유형이다.

11. 폭발성물건파열죄 및 파열치상 · 치사죄

폭발성물건파열죄 및 파열치상 · 치사죄에는 폭발성물건파열죄(제172 조 제1항), 폭발성물건파열치사상죄(제172조 제2항), 가스 · 전기등방류죄(제 172조의2 제1항), 가스 · 전기등방류치사상죄(제172조의2 제2항), 가스 · 전기 등공급방해죄(제173조 제1항 및 제2항), 가스 · 전기등공급방해치사상죄(제 173조 제3항), 과실폭발성물건파열죄(제173조의2) 등이 있다.

제 4 절 일수와 수리에 관한 죄

일수와 수리에 관한 죄는 공공위험범이다. 공공의 안전 및 평온을 보 호법익으로 하며, 재산도 함께 보호한다. 공공의 안전에 대하여는 위험범, 재산에 대하여는 침해범으로 본다. 다수 견해는 수리방해죄를 공공위험죄 가 아니라 수리권이라는 개인적 법익에 대한 죄로 본다.

본장의 죄에는 현주건조물등일수죄 및 동 치사상죄(제177조), 공용건조 물등일수죄(제178조), 일반건조물등일수죄(제179조), 일수예비 · 음모죄(제183 조), 방수방해죄(제180조), 과실일수죄(제181조), 수리방해죄(제184조) 등이 있다.

제 5 절 교통방해의 죄

1. 보호법익

교통로나 교통설비를 손괴 등의 방법으로 하여 교통소통을 방해하는 행위를 처벌한다. 추상적 위험범이다. 보호법익은 일반 공중의 교통안전이라는 판례에 대하여 다수설은 생명·신체나 재산상 위험도 함께 보호한다고 본다.

2. 일반교통방해죄

육로, 수로 또는 교량을 손괴 또는 불통하게 하거나 기타 방법으로 교통을 방해한 때에 성립한다(제185조). 본죄의 객체 가운데 육로는 일반 공중의 왕래에 공용된 장소로 불특정 다수인 또는 차마가 자유롭게 통행할 수 있는 공공성을 띤 장소를 말한다. 도로법이나 도로교통법상 도로에 한정하지 않으며, 특히 그 부지의 소유관계나 통행 권리관계 또는 통행인의 많고 적음 등은 불문한다(대법원 2002. 4. 26. 선고 2001도6903 판결). 수로는 바다, 하천, 호수 등에서 선박의 운행에 사용되는 길이며, 교량은 일반인의 교통에 제공된 다리를 말한다.

실행행위는 육로 등을 손괴 또는 불통하게 하거나 기타 교통을 방해하는 행위이다. 불통하게 하는 것은 장애물 등으로 통행을 불가능하게 하거나 현저히 곤란하게 하는 행위를 말한다. 판례는 집회 또는 시위가 당초 신고된 범위를 현저히 일탈하거나 집회 및 시위에 관한 법률 제12조의 교통소통을 위한 제한에 따른 조건을 중대하게 위반하여 도로 교통을 방해함으로써 통행을 불가능하게 하거나 현저하게 곤란하게 한 경우에 일반교통방해죄가 성립한다고 본다(대법원 2008. 11. 13. 선고 2006도755 판결). 표현의 자유를 보장한다는 측면에서 이 경우 형법상 본죄가 아니라 집시법으로 의율해야 한다는 반대가 있다.

행위가 종료되면 기수가 되며 현실에 교통방해 결과발생은 요하지 않는 추상적 위험범이다. 예비·음모와 달리 미수는 벌한다(제190조).

3. 기타 교통방해의 죄

교통방해의 죄에는 일반교통방해죄 외에 기차·선박등의 교통방해죄(제186조), 기차등전복죄(제187조), 교통방해치사상죄(제188조), 과실교통방해죄(제189조) 등의 죄가 규정되어 있다.

제 2 장

공공의 신용에 관한 죄

제 1 절   통화에 관한 죄

통화에 관한 죄는 행사할 목적으로 통화를 위조·변조하거나 위·변조된 통화를 사용하거나 수입·수출·취득하는 행위 및 통화유사물을 제조하는 행위를 처벌한다. 보호법익은 통화에 대한 공공의 신용과 거래의 안전이다. 보호의 정도는 추상적 위험범이다.

통화위조·변조죄와 위조·변조통화 행사·수입·수출죄(제207조), 위조·변조통화취득죄(제208조), 위조통화취득후지정행사죄(제210조), 통화유사물제조죄(제211조)가 있으며, 통화위조·변조죄는 예비·음모를 벌한다(제213조).

제 2 절   유가증권, 우표와 인지에 관한 죄

1. 보호법익과 체계

유가증권에 관한 죄는 유가증권이나 우표·인지에 대한 공공의 신용 및 거래의 안전을 보호한다. 보호의 정도는 추상적 위험범이다. 보호주의에 따라 외국인이 국외에서 범한 경우에도 적용되며(제5조), 특별법으로 부정수표단속법이 있다.

2. 유가증권 위조·변조죄

본죄는 행사할 목적으로 대한민국 또는 외국의 공채증서 기타 유가증권을 위조 또는 변조한 때에 성립한다(제214조 제1항). 행사할 목적으로 유가증권의 권리의무에 관한 기재를 위조 또는 변조한 자도 같다(제214조 제2항). 미수범과 예비·음모죄를 벌한다(제223조, 제224조).

유가증권이란 증권상에 표시된 재산상 권리의 행사와 처분에 그 증권의 점유를 필요로 하는 것을 총칭한다. 재산권이 증권에 화체된다는 점과 그 권리의 행사와 처분에 증권의 점유를 필요로 한다는 점이 요건이다. 어음과 수표가 대표적이나, 상법상 유가증권과 달리 반드시 유통성이 있을 것은 요하지 않는다. 상품권, 회사채, 주식, 양도성예금증서, 물품교환쿠폰, 철도승차권, 리프트탑승권, 공중전화카드 등이 유가증권에 해당한다. 물품보관증과 같은 면책증권은 유가증권에 해당하지 않지만, 자기앞수표는 본죄의 적용대상이다. 은행신용카드는 사문서로 보는 견해가 있으나 판례는 유가증권으로 본다(여신전문금융업법 제2조 제3호 및 제70조 제1항 참고).

약속어음은 일반인이 진정하고 유효한 약속어음으로 오신케 할 정도의 형식과 외관을 갖춘 정도에 이르러야 본죄의 행위객체인 유가증권에 해당한다. 유가증권은 법률상 효력의 보유 여부는 불문하므로, 허무인 명의의 유가증권이라도 외형상 오신할 정도라면 본죄의 객체가 된다. 공채증서는 국가나 공공단체가 발행한 국채 또는 지방채 증권으로서 유가증권의 일종이다.

본죄의 실행행위는 위조 또는 변조이다. 위조란 유가증권을 발행할 권한 없는 자가 타인명의의 유가증권을 작성하는 행위이다. 대리권 등 발행

할 권한 있는 경우에는 타인명의의 유가증권을 작성하더라도 위조에 해당
하지 않는다. 어음이나 수표의 보충권을 남용한 경우에 그 남용의 정도가
사소할 때에는 위조죄가 성립 않지만, 보충권의 남용 정도가 심하여 새로
운 어음·수표의 발행이라고 볼 수 있을 정도인 때에는 위조죄가 성립된다.
변조란 진정 성립된 유가증권의 내용에 권한 없는 자가 유가증권의 동일성
을 해하지 않는 한도에서 변경을 가하는 행위이다.

유가증권의 위조·변조는 권한 없는 자가 발행이라는 기본적 증권행위
를 하는 경우에 성립한다. 이에 대해, 제214조 제2항에서 권리의무에 관한
기재를 위조 또는 변조한다는 것은 발행이라는 기본적 증권행위가 진정 성
립한 유가증권에 대하여 작성권한 없는 자가 타인 명의를 모용하여 배서·
인수·보증 등의 부수적 증권행위를 하는 경우를 가리킨다. 어음의 배서란
에 권한 없이 타인명의로 배서하는 것이 그 예이다.

3. 자격모용 유가증권 작성·기재죄

본죄는 행사할 목적으로 타인의 자격을 모용하여 유가증권을 작성하
거나 유가증권의 권리 또는 의무에 관한 사항을 기재한 때에 성립한다(제
215조). 타인의 자격을 모용하는 것은 대리권이나 대표권이 없는 자가 타인
을 대리 또는 대표하여 유가증권을 발행하거나 권리의무에 관한 사항을 기
재하는 것이다. 명의와 자격을 모두 모용한 경우에는 위조죄만 성립하고,
본죄는 명의 자체는 진정하나 명의인 자격이 모용된 경우에 한하여 적용된
다고 본다. 예를 들어, 특정 법인의 대표이사에서 퇴직한 이후 어음을 내면
서 발행인란에 그 대표이사 명의를 기재한 경우이다.

유가증권을 작성하는 것은 그 발행을 말하고, 권리의무에 관한 사항
기재는 부수적 증권행위를 뜻한다.

4. 허위유가증권 작성죄

본죄는 행사할 목적으로 허위의 유가증권을 작성하거나 유가증권에 허위사항을 기재한 경우에 성립한다(제216조). 작성권한 없는 자가 작성하는 위·변조와 달리, 작성권한 있는 자가 진실에 반하는 허위 내용을 유가증권에 기재한다는 점에서 무형위조에 해당한다. 예컨대 주권발행의 권한을 위임받았더라도 발행 일자를 소급 기재하는 방법으로 허위내용을 기재한 경우에 본죄를 구성한다. 허위기재의 방식은 새로운 유가증권 발행이든 기존 유가증권의 변경이든 불문한다. 권리의무에 무관한 사항에 대한 허위기재는 여기에 해당하지 않는다.

5. 위조유가증권등 행사죄

본죄는 위조, 변조, 작성(자격모용), 또는 허위기재한 전3조 기재의 유가증권을 행사하거나 행사할 목적으로 수입 또는 수출한 경우에 성립한다(제217조). 복사한 위조유가증권은 본죄의 객체가 되지 않는다고 한다(대법원 2010. 5. 13. 선고 2008도10678 판결). 행사는 유가증권을 사용하는 것으로 제시·교부·비치만으로도 가능하며, 반드시 유통상태를 가리키지는 않는다는 것이 다수 견해이다.

6. 인지·우표에 관한 죄

인지·우표에 관한 죄로는 인지·우표 위조·변조죄 및 동 행사죄(제218조), 위조인지·우표취득죄(제219조), 소인말소죄(제221조), 인지·우표유사물제조등죄(제222조)가 있다.

제 3 절 문서에 관한 죄

1. 문서범죄 일반

가. 보호법익 및 범죄 체계

문서에 관한 죄란 행사할 목적으로 문서를 위조·변조·허위작성하거나, 위조·변조·허위작성된 문서를 행사하거나, 진정한 문서를 부정행사하는 등의 경우에 성립하는 범죄이다. 문서범죄는 법적 생활관계의 기반이 되는 문서에 대한 거래의 안전 및 신용을 보호한다. 보호의 정도는 추상적 위험범이다.

위조의 방식으로는 유형위조와 무형위조가 있다. 유형위조란 문서작성권자의 동일성에 허위가 있는 위조를 말한다. 타인의 명의 또는 자격을 모용하거나 도용하여 문서를 작성하는 것과 같이 문서성의 요건으로서 형식성에 대한 위조이다. 무형위조는 명의인과 작성인이 동일하다는 점에서 정당한 작성권자에 의하여 작성되었지만 문서 내용에 진실에 반하는 허위가 있는 위조이다. 무형위조를 특히 허위문서의 작성이라고 한다.

문서에 관한 죄를 처벌하는 방식으로 형식주의와 실질주의가 있다. 문서성립의 형식적 진정성을 보호하기 위하여 유형위조를 처벌원칙으로 하여 무형위조를 벌하지 않는 쪽을 형식주의라고 한다. 실질주의는 문서내용의 진실성을 보호한다는 편에서 무형위조를 처벌원칙으로 하고 유형위조를 벌하지 않는다. 형법은 공문서위조·변조죄, 자격모용에 의한 공문서작성죄와 같은 유형위조뿐 아니라, 허위공문서작성죄, 공정증서원본등부실기재죄 등 무형위조도 벌하고 있다.

또한 형법은 공문서와 사문서를 구별하면서 공문서에 대한 죄를 무겁게 벌한다. 공문서와 사문서에 대한 유형위조, 공문서의 무형위조 및 일부 사문서의 무형위조, 그리고 행사죄와 부정행사죄를 구분하고 있다.

나. 문서의 개념과 종류

문서에 관한 죄는 문서 및 도화를 객체로 한다. 여기서 문서란 문자 또는 가독적 부호에 의해 사람의 사상이나 관념이 표시된 물체를 말한다. 도화란 문자나 기호 이외에 상형적 부호로 작성자의 사상이나 관념이 표시된 것이다. 건축설계도, 지적도 등이 있다. 다만 보호법익의 관점에서는 모든 문서가 아니라, 법적으로 중요한 사실을 증명할 만한 문서, 또는 공공의 신용이나 거래의 안전에 관련된 문서만을 의미한다. 도화도 마찬가지이다. 일반적으로 문서의 속성으로 계속적 요소와 증명적 요소, 그리고 보장적 요소를 갖는다고 한다.

문서는 사상, 관념, 의사 등이 계속적으로 표시되어야 한다. 사상이나 관념이 표시되어야 한다는 점에서 자동차 주행거리계나 전력량계 등은 문서로 볼 수 없다. 사상이나 관념은 문자나 가독적 부호로 표시되어야 하므로, 시각적으로 인식이 어려운 녹음·녹화매체는 전자기록일 뿐 문서가 아니다(제227조의2, 제232조의2 참고). 반드시 문장일 필요는 없다는 점에서 생략문서도 문서로 본다. 복사문서는 논란이 되었으나 현재는 명문으로 문서성을 인정하고 있다(제237조의2). 권리의무나 사실증명의 기능을 하기 위하여는 의사나 관념이 물체 상에 어느 정도 지속적으로 표시되어야 한다. 모래 위에 쓴 글씨나 컴퓨터 화면에 나타나는 이미지를 문서로 보기 어려운 이유이다.

문서는 권리의무나 법적으로 중요한 사실을 증명하는 것이어야 하므로, 이런 관점에서는 권리의무나 사실에 대하여 객관적인 증명능력과 함께 주관적으로는 증명의사가 요구된다.

문서에 사상이나 관념의 주체인 작성명의자가 표시되어야 한다는 점에서 보장적 요소가 추가된다. 문서에 대한 공공의 신용은 보호대상인 작성명의자의 신용에 기반하기 때문이다. 작성명의자는 문서에 기재된 의사표시의 주체로서 문서작성자와는 다른 개념이다. 작성명의자가 문서에 반드시 표시될 필요는 없다. 판례는 사자나 허무인 명의의 문서, 또는 해산한 법인명의의 문서라도 문서로 본다(대법원 2005. 2. 24. 선고 2002도18 전원합의체 판결).

문서의 종류로는 공문서와 사문서, 진정문서와 부진정문서, 개별문서 · 전체문서 · 결합문서로 나눠볼 수 있다. 공문서는 공무소 또는 공무원이 직무에 관하여 작성한 문서이고, 사문서는 사인 명의로 작성된 문서이다. 진정문서는 문서의 명의자와 실제 작성자가 일치하고 내용이 진실한 문서를 말하고, 문서명의자와 실제작성자가 불일치하거나 내용이 허위인 문서를 부진정문서라 한다. 위조 · 변조 · 허위작성된 문서는 부진정문서이다. 개별문서는 사상이나 관념이 표시된 독립된 문서이고, 전체문서는 예금통장이나 피의자신문조서, 수매의 계약서 등과 같이 개별문서가 통일적인 전체로 결합되어 독자적인 표시내용을 형성하는 문서를 가리킨다. 결합문서란 검증의 목적물과 결합되어 동일한 증명내용을 가지는 문서이다. 이 구분에 따른 문서는 모두 하나의 문서로 본다는 점에서 죄수를 결정하는데 의미가 있다.

2. 공문서등 위조 · 변조죄

본죄는 행사할 목적으로 공무원 또는 공무소의 문서 또는 도화를 위조하거나 변조하는 때에 성립한다(제225조). 행위주체에는 제한이 없다. 공무원이더라도 권한을 넘어서 다른 공무원의 명의를 도용하거나 공문서 내용을 변경한 경우에는 작성권한 없는 자의 행위로서 허위공문서작성죄가 아니라 공문서등 위조 · 변조죄가 성립한다. 행위객체는 공무원 또는 공무소의 명의로 작성된 공문서 또는 공도화이다. 특정 판사 명의로 발부한 구속영장과 같이 공무원 개인 명의로 작성된 문서가 공무원 작성 문서라면, 장관 명의의 공무원시험합격증처럼 관직 명의로 작성된 문서가 공무소 작성 문서이다. 공무원이나 공무소가 작성명의인이더라도 직무상 작성된 것이 아니라 개인자격에서 작성된 것은 사문서가 된다.

실행행위는 위조 또는 변조이다. 공문서위조는 작성권한 없는 자가 공무원 또는 공무소의 명의를 사용하여 문서를 작성하는 것이다. 문서의 동일성에 대한 기망행위이다. 본죄는 위조행위자인 작성자와 작성명의인이 불일치하는 경우를 처벌하는 유형위조이다. 작성명의 모용이 없는 경우에는 위조에 해당하지 않는다. 공문서변조는 권한 없는 자가 진정하게 성립된 공문서에 동일성을 해하지 않는 범위에서 내용상 변경을 가하는 것이다.

주관적으로는 공문서를 위조·변조한다는 고의에 더하여 위조·변조된 공문서를 진정한 문서로 사용할 목적이 필요하다.

3. 사문서등 위조·변조죄

본죄는 행사할 목적으로 권리·의무 또는 사실증명에 관한 타인의 문서 또는 도화를 위조 또는 변조하는 때에 성립한다(제231조). 본죄의 객체는 권리·의무 또는 사실증명에 관한 타인의 문서 또는 도화이다. 권리·의무에 관한 문서란 매매계약서나 차용증서, 위임장이나 예금청구서와 같이 권리·의무에 관한 발생과 변경, 소멸 등에 관한 의사표시를 내용으로 하는 문서를 말한다. 사실증명에 관한 문서는 각종 신분증이나 이력서, 추천서나 인사장과 같이 권리·의무와 직접 관련이 없더라도 법률관계에서 일정한 사실을 증명하는 문서이다.

실행행위로서 위조와 변조의 의미는 공문서에서와 같다. 권한 없는 자이어야 하므로 명의자의 명시적 혹은 묵시적 승낙이 있는 경우에는 위조나 변조가 성립하지 않는다. 작성명의인으로부터 작성권한을 위임받은 대리인이라도, 본인의 위임이나 위탁의 취지에 반하거나 위탁범위를 유월하여 본인 명의 문서를 작성하면 위조에 해당한다. 대리권이나 대표권 없는 자가 대리자 등으로 표시하여 본인 명의 문서를 작성한 때에는 자격모용에 의한 사문서작성죄가 성립한다.

문서의 동일성을 해하는가를 기준으로 위조와 변조를 구분할 수 있으므로, 동일성을 해하여 새로운 문서로 여겨지도록 기존 문서의 중요 부분을 변경한 경우에는 변조가 아니라 위조가 된다. 판례는 유효기간이 지나 실효된 문서를 유효일자를 변경하여 다시 쓸 수 있도록 한 경우에 위조가 성립한다고 본다. 변조죄의 객체는 진정문서에 국한된다고 한다.

4. 자격모용에 의한 공문서등 작성죄

본죄는 행사할 목적으로 공무원 또는 공무소의 자격을 모용하여 문서 또는 도화를 작성한 때에 성립한다(제226조). 정당한 자격없는 자가 자격을 모용한 경우를 처벌하는 유형위조에 해당한다. 자격을 모용하는 것은 정당한 대리권이나 대표권이 없는 자가 공무원 등의 대리권 등이 있는 것처럼 대리 또는 대표하여 문서를 작성하는 것이다. 공무원 등의 자격을 모용하는 데에는 애초부터 자격이 없는 자가 모용하는 경우뿐 아니라 자격이 상실된 이후에 자격을 모용하는 경우를 포함한다. 예컨대 부서장이 다른 부서로 전보된 이후에 전임 부서장 권한에 속하는 건축허가서 결재란에 서명을 한 경우를 들 수 있다.

5. 자격모용에 의한 사문서등 작성죄

본죄는 행사할 목적으로 타인의 자격을 모용하여 권리 · 의무 또는 사실증명에 관한 문서 또는 도화를 작성한 경우에 성립한다(제232조). 자격모용은 대리권이나 대표권 없는 자가 대리인 또는 대표자 자격이 있는 것처럼 작성하는 것이다. 주총에서 해임되어 더 이상 대표이사가 아닌 자가 그 회사의 대표이사로 명의를 기재하여 대출계약서를 작성하는 경우를 들 수 있다. 대리권이나 대표권을 위임받은 자라도 권한을 유월하여 권한 밖의 사항에 문서를 작성한 때에는 본죄에 해당한다.

6. 공전자기록 위작·변작죄

본죄는 사무처리를 그르치게 할 목적으로 공무원 또는 공무소의 전자기록등 특수매체기록을 위작 또는 변작한 때에 성립한다(제227조의2). 공무원 또는 공무소의 개념은 공문서위조죄에서와 같다. 특수매체기록은 기록이어야 하므로 저장되어 있지 않은 상태로 화면에 떠 있는 데이터나 전송 중에 있는 데이터는 본죄의 객체가 안 된다.

실행행위는 위작 또는 변작이다. 위작은 권한 없이 기록을 만들어 저장·기억하게 하는 유형위조를 의미한다. 공전자기록에는 작성명의인이 없으므로 권한 있는 공무원 등이 허위 기록을 만들어 저장·기억하게 하는 무형위조 행위도 위작에 해당한다. 판례는 전자기록의 작성 권한을 부여받았더라도 그 권한을 남용하여 허위 정보를 입력하는 경우에는 본죄에 해당한다고 본다(대법원 2007. 7. 27. 선고 2007도3798 판결). 또한 경찰관이 고소사건을 처리하지 않았음에도 경찰범죄정보시스템에 그 사건을 검찰에 송치한 것으로 허위사실을 입력한 행위가 본죄의 위작에 해당한다고 판시한다. 변작이란 이미 작성·저장된 기록을 변경하거나 말소하는 것이다.

주관적 요건으로 고의에 더하여 시스템을 설치·운영하는 주체의 사무처리를 잘못되게 할 목적이 요구된다.

7. 사전자기록 위작·변작죄

본죄는 사무처리를 그르치게 할 목적으로 권리·의무 또는 사실증명에 관한 타인의 전자기록등 특수매체기록을 위작 또는 변작하는 때에 성립한다(제232조의2). 행위객체로서 권리·의무 또는 사실증명에 관한 타인의 특수매체기록이란 점이 공전자기록 위작·변작죄와 다르며, 행위태양으로서 위작·변작의 의미는 앞서와 같다. 사문서에서 원칙적으로 유형위조만 벌하는 형법의 입장을 고려하면, 내용의 진실성을 해하는 무형위조는 본죄의 보호대상이 아니라고 본다. 판례는 권한있는 자가 허위 정보를 입력하는 무형위작도 본죄에 포함된다고 판시한다(대법원 2003. 10. 9. 선고 2000도4993 판결). 주관적으로는 고의와 함께 목적이 있어야 함은 마찬가지이다.

8. 허위공문서등 작성죄

　본죄는 공무원이 행사할 목적으로 그 직무에 관하여 문서 또는 도화를 허위로 작성하거나 변개한 때에 성립한다(제227조). 공문서와 공도화에 관한 내용상 진실성을 보호하기 위해 무형위조를 구성요건으로 둔 규정이다. 행위주체는 직무에 관하여 문서나 도화를 작성할 권한이 있는 공무원이다. 공무원 아닌 자가 공무원과 공동하여 본죄를 범한 때에는 비신분자도 형법 제33조, 제30조에 의해 본죄의 공동정범이 될 수 있다. 본죄는 진정신분범이다. 공무원 아닌 자는 공무원을 도구로 이용한 간접정범의 형태로 본죄를 범할 수 없다. 비공무원이 간접정범 형태로 허위공문서를 작성하는 행위는 공정증서원본등부실기재죄에 해당되는 때에만 예외적으로 가능하다.

　자기명의로 공문서를 작성할 권한이 있어야 하므로, 다수 견해는 작성권자인 공무원을 보좌하는 직무에 종사하는 공무원은 원칙적으로 주체가 될 수 없다고 한다. 판례는 작성권자를 보조하는 직무에 종사하는 공무원이 허위공문서를 기안하여 허위라는 사정을 모르는 작성권자에 제출하고 그 내용이 진실한 것으로 오신하게 하여 서명·기명날인하게 함으로써 공문서를 완성한 경우에는 본죄의 간접정범이 성립된다고 한다(대법원 1990. 10. 30. 선고 90도1912 판결).

　실행행위는 허위로 문서를 작성하거나 변개하는 것이다. 작성은 작성권한 있는 공무원이 공문서 등에 진실에 부합하지 않는 허위 내용을 기재하는 것으로, 부작위에 의하여도 가능하다. 허위의 신고가 있음에도 공무원이 신고대로 공문서를 작성한 경우에는 공무원이 실질적 심사권을 가진 경우라면 본죄가 성립하지만, 형식적 심사권만 가진 경우에는 견해가 갈린다. 판례는 작성권자 명의의 공문서를 작성하라는 권한 위임을 받은 공무원이 위임 취지에 반하여 허위내용의 공문서를 작성하고 자신이 보관하던 작성권자의 직인을 날인한 경우에는 본죄가 아니라 공문서위조죄가 성립한다고 본다(대법원 1990. 10. 12. 선고 90도1790 판결).

변개란 작성권한이 있는 공무원이 기존 문서의 내용을 허위로 고치는 것이다. 작성권한이 있다는 점에서 변조와 구별된다. 판례는 경찰관들이 피의자들을 현행범으로 체포하거나 현행범인체포서를 작성할 때 체포사유 및 변호인선임권을 고지하였다는 내용의 허위의 현행범인체포서와 확인서를 작성한 사안에서 피고인들에게 허위공문서작성죄를 인정하고 있다(대법원 2010. 6. 24. 선고 2008도11226 판결).

9. 공정증서원본등 부실기재죄

공무원에 대한 허위신고로 공무원에게 공정증서원본 등에 허위내용을 기재하게 함으로써 성립한다(제228조 제1항). 그리고 공무원에 허위신고를 하여 면허증, 허가증, 등록증 또는 여권에 부실의 사실을 기재하게 한 경우에도 성립한다(제228조 제2항). 간접정범의 형태로 허위공문서작성행위를 한 경우를 규정하는 간접적 무형위조에 관한 범죄이다. 행위주체에는 제한이 없는 비신분범이다. 다만 공정증서원본등 기재를 담당하는 공무원은 본죄가 아니라 허위공문서작성죄가 성립한다.

행위객체는 공정증서원본, 공전자기록등 특수매체기록 및 면허증, 허가증, 등록증, 여권이다. 본조의 객체는 예시가 아니라 열거적이라 해석된다. 여기에는 운전면허증, 의사면허증, 영업허가증, 변호사등록증, 법률사무소의 유언공정증서 등이 있다. 공정증서는 공무원이 권한 내에서 작성하는 문서로서 재산상, 신분상 권리·의무 득실변경 등을 증명하는 효력을 가진 증서를 뜻한다. 권리·의무관계와 무관한 사실증명에 관한 증서는 포함되지 않는다. 공정증서의 예로는 부동산등기부, 자동차등록부, 상업등기부, 가족관계등록부 등이 있다. 토지대장, 자동차운전면허대장, 공증인이 인증한 사서증서는 사실증명에 관한 문서로서 객체에 해당하지 않는다. 전자기록 등 특수매체기록도 권리·의무관계를 증명하는 원본으로서 사용되는 전자적 기록에 한정된다. 예로는 전산자료화된 부동산등기파일, 자동차등록파일, 가족관계등록파일 등을 들 수 있다. 등록증은 공무원이 일정 자격이나 요건을 갖춘 자에게 그에 상응한 활동을 할 권능 등을 인정하고자 작성한 증서를 말한다. 판례는 사업자등록증은 사업 자격이나 요건을 인정하는 증서로 볼 수 없고 단순 등록증명에 관한 증서이므로 이 등록증에 해당하지 않는다고 한다(대법원 2005. 7. 15. 선고 2003도6934 판결).

실행행위는 공무원에 허위신고를 하여 공정증서원본 등에 부실의 사실이 기재·기록되도록 하는 것이다. 간접정범의 구조에 따라, 이용행위로서 공무원에 대한 허위신고와 피이용자의 행위로 부실의 사실을 기재·기록하게 하는 것이 필요하며, 둘 사이에는 인과관계가 요구된다. 공무원은 공정증서원본 등에 신고사항을 기재·기록하는 업무를 담당하는 공무원으로서 형식적 심사권을 가진 공무원이라도 무방하다. 허위신고라는 정을 모르는 공무원이어야 한다. 부실기재를 하게 한다는 것은 공무원에게 허위신고로 객관적 진실에 반하는 사실을 기록하게 하는 행위를 말한다. 부실기재의 여부는 행위 시를 기준으로 판단한다. 판례는 법원을 기망하여 승소판결을 받고 그에 터잡아 소유권이전등기를 경료한 경우에는 이른바 삼각사기에 의한 사기죄가 성립하고 이는 공정증서원본부실기재죄와 실체적 경합관계에 선다고 본다(대법원 1983. 4. 26. 선고 83도188 판결). 부부관계를 설정할 의사 없이 중국 내 조선족 여성들의 국내 취업을 위한 입국 목적으로 형식상 혼인신고를 한 경우에는 공정증서원본부실기재죄 및 동 행사죄가 성립한다.

10. 허위진단서등 작성죄

본죄는 의사, 한의사, 치과의사 또는 조산사가 진단서, 검안서 또는 생사에 관한 증명서를 허위로 작성한 때에 성립한다(제233조). 사문서에 대한 무형위조를 규정한 것이다. 진정신분범이므로 일반인이 의사로 사칭하여 진단서 등을 작성하면 문서위조죄에 해당한다. 국·공립병원에 근무하는 의사 등이 허위로 상해진단서 등을 발급한 경우에는 허위공문서작성죄만 성립한다는 판례(대법원 2004. 4. 9. 선고 2003도7762 판결)에 대하여 허위공문서작성죄와 본죄가 상상적 경합이 된다는 견해가 있다.

행위객체로 진단서는 소견서 등 명칭이 달라도 내용을 기준으로 판단한다. 진료기록은 대외적 증명기록이라 할 수 없어 여기에 포함되지 않는다. 검안서는 사체 검안서를 의미한다. 생사에 관한 증명서는 출생증명서, 사망진단서 등이 있다. 실행행위로서 허위작성은 치료기간, 병명, 사망시간 등에 관해 진단서 등에 객관적 진실에 반하는 허위 내용을 기재하는 것이다. 허위기재는 사실 또는 판단에 대한 것을 불문한다.

11. 위조공문서등 행사죄

본죄는 위조, 변조, 자격모용으로 작성되거나 허위작성된 공문서, 도화, 위작·변작된 공전자기록등 특수매체기록, 부실기재된 공정증서원본, 면허증, 허가증, 등록증 또는 여권을 행사한 경우에 성립한다(제229조). 행사는 객체인 공문서 등을 진정 성립된 것이나 내용상 진실한 것으로 사용하는 때를 말한다. 이때 상대방은 위조·변조·허위작성·위작·변작 등의 사실을 알지 못해야 한다. 따라서 진정·진실한 문서가 아닌 위조·허위작성된 공문서로 사용하면 행사가 아니다. 사용한다는 것은 상대가 문서 내용을 인식할 상태에 두면 족하고 현실적 인식까지 요하는 것은 아니다. 문서를 사용하는 것은 제시·교부하거나 비치하여 열람가능한 상태에 두는 경우를 의미한다.

12. 위조사문서등 행사죄

본죄는 위조·변조되거나 자격모용으로 작성된 문서, 도화, 위작·변
작된 사전자기록, 허위작성된 사문서 등을 행사한 때에 성립한다(제234조).
행사 등에 대한 내용은 위조공문서등 행사죄에서와 같다. 판례는 위조한
사문서를 복사하여 제시한 경우에 위조사문서행사죄를 인정한다. 위조문서
를 모사전송의 방법으로 제시하거나 컴퓨터 이미지 파일을 스캔하여 모니
터상에 나타나게 한 경우에도 위조문서행사죄에 해당한다(대법원 2008. 10.
23. 선고 2008도5200 판결).

13. 공문서등 부정행사죄

본죄는 공무원 또는 공무소의 문서나 도화를 부정행사한 경우에 성립
한다(제230조). 진정하게 성립된 공문서나 공도화를 객체로 한다는 점에서
위조등 공문서행사죄와 구별된다. 다만 진정 성립된 문서라도 인감증명서
나 가족관계증명서와 같이 사용권한자와 용도가 특정되지 않은 공문서는
객체가 될 수 없다. 행위주체에 따로 제약은 없다. 부정행사란 진정한 공문
서나 공도화를 사용할 권한 없는 자가 있는 것처럼 가장하여 사용하는 경
우를 말한다. 사용권한의 유무, 그리고 용도내 사용 여부에 따라 본죄의 성
립이 달라지는지에 대하여는 논란이 있다.

먼저, 사용 권한이 없는 자가 공문서의 본래 용도에 따라 행사하는 경
우에는 본죄가 성립한다. 제3자로부터 신원확인을 위한 신분증명서 제시를
요구받고 타인의 운전면허증을 제시한 행위는 그 사용목적에 따른 행사로
공문서부정행사죄에 해당한다(대법원 2001. 4. 19. 선고 2000도1985 전원합의
체 판결). 다수설과 판례는 권한 있는 자가 본래 용도 외에 공문서를 사용하

는 경우에도 본죄 성립을 인정하지만, 권한 없는 자가 본래 용도 외로 공문
서를 사용하는 경우에는 그 성립을 인정하지 않는다. 이에 대하여 본죄는
권한 없는 자가 행사한 경우에 성립한다는 입장에서 사용권한 없는 자의
용도외 행사는 인정하지만, 사용권한 있는 자의 용도외 행사는 본죄의 성
립을 부인하는 견해가 있다.

14. 사문서등 부정행사죄

권리·의무 또는 사실증명에 관한 타인의 문서나 도화를 부정행사한
경우에 성립한다(제236조). 진정하게 성립한 문서 등이라는 점과 부정행사
라는 개념은 공문서등 부정행사죄와 같다. 판례는 사문서 또는 사도화를
사용권한 없는 자가 사용권한 있는 것처럼 가장하여 부정한 목적으로 행사
하거나 또는 권한 있는 자라도 정당한 용법에 반하여 부정 행사하는 경우
에 본죄가 성립한다고 본다(대법원 2007. 3. 30. 선고 2007도629 판결). 공문서
와 마찬가지로, 사용권한 있는 자는 용도 내외를 불문하고 본죄에 해당 않
는다고 보는 이견이 있다.

제 4 절 인장에 관한 죄

인장이나 서명 등은 사회에서 동일인을 표시하는 증명기능을 담당한
다. 인장에 관한 죄는 인장·서명 등의 진정에 대한 공공의 신뢰와 거래의
안전을 보호법익으로 하는 추상적 위험범이다. 본장의 죄는 인장 등의 성
립의 진정만을 보호대상으로 하면서 내용의 진실성 여부는 고려하지 않는
점에서 문서범죄와 차이가 있다.

인장에 관한 죄에는 공인등 위조·부정사용죄(제238조 제1항), 사인등
위조·부정사용죄(제239조 제1항) 및 위조공·사인등 행사죄(제238조 제2항,

제239조 제2항)가 있다. 위조·부정사용죄는 행사할 목적으로 인장, 서명, 기명 또는 기호를 위조 또는 부정사용한 경우에 성립하며, 행사죄는 위조 또는 부정사용한 인장 등을 행사한 때에 성립한다. 인장·서명 위조가 유가증권이나 문서위조의 수단이 된 때에는 유가증권위조나 문서위조죄에 각 흡수되고 본장의 죄는 따로 성립하지 않는다.

제 3 장

공공의 건강에 관한 죄

제 1 절 음용수에 관한 죄

인간생활의 필수요소인 음용수의 오염을 방지하고 공급을 원활하게 하기 위하여 본죄를 두고 있다. 음용수에 관한 죄는 공중의 건강 또는 보건을 보호법익으로 하는 공공위험죄이며, 보호의 정도는 추상적 위험범이다. 다만, 음용수혼독치사상죄(제193조)는 생명·신체를 보호법익으로 하는 침해범으로 본다.

음용수에 관한 죄에는 음용수사용방해죄(제192조), 수도음용수사용방해죄(제193조), 음용수혼독치사상죄(제194조), 수도불통죄(제195조)가 있다. 음용수 외에 자연상태인 지하수나 하천수에 대하여는 물환경보전법과 해양환경관리법 등에서 별도로 규율한다.

제 2 절 아편에 관한 죄

아편에 관한 죄는 중독성이 심한 아편이나 몰핀을 남용할 위험성이 있는 행위를 금지하여 국민의 건강을 보호하고자 하는 추상적 위험범이다. 여기에는 아편등흡식죄(제201조 제1항), 아편흡식·몰핀주사장소제공죄(제201조 제2항), 아편등제조죄(제198조), 아편흡식기등제조죄(제199조), 세관공무원의 아편등수입죄(제200조), 상습아편에 관한 죄(제203조), 아편등소지죄(제205조)가 있으며, 특별형법으로 마약류 관리에 관한 법률의 규율을 받는다.

제4장

사회의 도덕에 관한 죄

제1절 성풍속에 관한 죄

1. 보호법익

성풍속에 관한 죄는 성풍속 자체가 시대와 장소에 따라 유동적이며 현실에서 구체적으로 일관된 기준을 확인하기 어렵다는 특색이 있다. 그에 따라 성풍속을 형법으로 보호하는 것이 과연 타당한가에 근본적인 논란이 있다. 성윤리라는 부분이 사회 환경과 문화적 배경에 따라 차별적이며, 현대 사회에서 행동의 자유 또는 성적 자기결정권의 확대 추세와 배타적인 부분도 없지 않다는 점을 고려한다면 최소한의 범위에서 신중한 적용이 요청되는 영역이라 할 수 있다.

2. 음행매개죄

본죄는 영리의 목적으로 사람을 매개하여 간음하게 한 때에 성립한다 (제242조). 사회의 성풍속을 보호하면서 성매매알선행위를 금지하고자 한다. 행위주체에는 부모나 배우자 등 제한이 없다. 사람을 매개하여 간음하게 하는 것은 간음에 이르도록 매개·주선한다는 의미이다. 행위객체로는 성별과 성년 여부를 묻지 않는다. 다만 18세 미만의 사람에는 아동복지법상 아동에게 음행을 시키거나 매개하는 행위(제71조 제1항 제1호)로 규율되며, 특히 13세 미만에는 미성년자의제강간죄(제305조)가 우선 적용된다.

특별형법에서 성매매알선행위는 성매매알선 등 행위의 처벌에 관한 법률에서 성매매강요행위(제18조) 및 성매매알선·모집·직업소개행위(제19조) 등을 처벌하고 있다. 객체가 19세 미만인 경우는 아동·청소년의 성보호에 관한 법률에서 아동·청소년의 성을 사는 행위(제13조 제2항), 아동·청소년에 대한 강요행위(제14조) 등을 가중하여 처벌한다.

3. 음화반포등죄

본죄는 음란한 문서, 도화, 필름 기타 물건을 반포, 판매 또는 임대하거나 공연히 전시 또는 상영한 때에 성립한다(제243조). 선량한 성풍속 또는 성도덕을 보호법익으로 한다. 행위객체는 음란한 문서, 도화, 필름이다. 문서와 도화는 문서위조죄에서와는 달리, 법적으로 중요한 사실을 증명할 것은 요하지 않는다. 기타 물건은 음란한 내용을 담고 있는 CD, 녹음테이프, 음반, 사진, 조각품 등을 가리킨다. 인터넷으로 제공되는 음란화상과 같은 온라인상 음란물의 객체성에 대하여는 논란이 있다. 판례는 컴퓨터 프로그램 파일은 유체물로 볼 수 없기 때문에 기타 물건에 해당하지 않는다고 한다(대법원 1999. 2. 24. 선고 98도3140 판결). 컴퓨터 프로그램 파일은 정보통신망 이용촉진 및 정보보호 등에 관한 법률(제74조 제2호 등)의 적용대상이다. 공연물이 청소년에 유해한 음란성 판단을 받은 경우에는 공연법(제5조 제1항 및 제40조 제1호)에 의해 처벌된다. 방송은 방송법(제32조 및 제33조)에 따라 방송통신심의위원회에서 음란성을 판단한다.

음란은 개념상 추상성 및 규범성으로 인해 그 판단방법과 인정 여부에 논란이 일고 있다. 음란이란 성욕을 자극하거나 흥분 또는 만족하게 하는 내용으로 일반인의 정상적인 성적 수치심과 선량한 성적 도의관념을 현저히 침해하기에 적합한 것을 의미한다(대법원 2000. 10. 27. 선고 98도679 판결). 음란성에 대한 판단은 작성자의 주관적 의도가 아닌 건전한 사회통념에 따라 객관적으로 판단하되, 사회의 평균인 입장에서 객관적으로 행위객체 자체에 의하여 판단되어야 한다는 것이 판례의 기본 입장이다. 음란성은 부분적인 묘사보다는 전체 맥락을 고려하여 판단하여야 한다. 판례는 명화라도 성냥갑 포장지로 인쇄된 때에는 명화집에 수록된 때와 달리 음화로 봄으로써, 성적 표현의 위치나 장소, 상황에 따라 음란성 판단이 달라질 수 있다고 하는 상대적 음란개념을 채택하여 비판을 받고 있다.

실행행위는 반포, 판매, 임대, 공연히 전시 또는 상연하는 것이다. 반포란 불특정 또는 다수인에 무상으로 배포하는 것이다. 판매는 유상으로 배포·양도하는 것이다. 계속·반복의 의사가 있다는 전제에서는 1회의 판매로도 충족된다고 본다. 그렇지 않은 경우 1회의 판매 혹은 특정인에 유상양도는 판매로 보기 어렵다. 임대는 유상으로 대여하는 것이다. 공연히 전시하거나 상연하는 것은 불특정 또는 다수인이 관람할 수 있는 상태에 둘 것을 요한다.

4. 음화제조등죄

음화반포등죄에 공할 목적으로 음란한 물건을 제조, 소지, 수입 또는 수출한 때에 성립한다(제244조). 행위객체로서 음란한 물건은 문서, 도화, 필름 등을 포함한다. 실행행위는 제조, 소지, 수입 또는 수출이다. 본죄의 성립에는 반포, 판매, 임대, 공연히 전시 또는 상영에 제공할 목적이 요구된다. 아동·청소년이용음란물의 제작·배포 등에는 아동·청소년의 성보호에 관한 법률(제11조)이 적용되며, 관세법(제234조)에도 수출입의 금지에 관한 규정이 있다.

5. 공연음란죄

본죄는 공연히 음란한 행위를 한 때에 성립한다(제245조). 공연히는 불특정 또는 다수인을 대상으로 한 공개적으로 인식할 수 있는 상태를 말한다. 특정 소수인에 대해 음란한 행위를 한 경우에는 본죄가 적용되지 않는다.

음란한 행위에서 음란의 개념은 음란물반포등죄에서와 같다. 음란행위는 성행위에 국한된다는 다수설에 대하여 나체쇼 등도 본죄에 해당한다는 이견이 있다. 판례는 고속도로상에서 주위에 운전자 등 다수 사람이 있는 가운데 알몸의 상태로 바닥에 드러눕거나 돌아다닌 경우에 본죄를 인정한다(대법원 2000. 12. 22. 선고 2000도4372 판결). 독일 형법은 음부노출행위(제183조)와 성적 행위(제183조a)를 규정하며, 오스트리아 형법은 성행위(제218조)를 규율대상으로 한다.

제 2 절 도박과 복표에 관한 죄

도박 및 복표에 관한 죄는 사회의 건전한 근로의식과 선량한 미풍양속, 경제에 관한 건전한 도덕의식을 보호법익으로 한다. 보호의 정도는 추상적 위험범이다. 우연성에 의하여 재물의 득실이 갈린다는 점에서 도박과 복표는 공통점이 있다. 다만 우연성이 일부에게만 있는 편면적 도박이나 사기도박은 본죄의 도박이 아니다.

도박에 관한 죄로는 단순도박죄(제246조 제1항)와 상습도박죄(제246조 제2항), 도박장소등개설죄(제247조)가 있다. 단순도박이 일시오락의 정도인 때에는 위법성이 조각된다(제246조 제1항 단서). 상습도박죄는 부진정신분범이고, 도박장소등개설죄는 진정목적범이자 계속범이다. 복표발매등죄(제248조)는 복표의 발매, 발매중개, 취득을 벌한다. 특별법으로 사행행위 등 규제 및 처벌 특례법(제2조, 제4조, 제30조)과 복권 및 복권기금법(제4조, 제

34조), 한국마사회법(제6조, 제8조) 등이 있다.

제 3 절 신앙에 관한 죄

신앙에 관한 죄는 종교 및 사자에 대한 경건한 태도, 신앙적 감정을 보호법익으로 한다. 장례식·제사·예배·설교를 방해하는 장례식등 방해죄(제158조), 사체·유골·유발을 오욕하는 사체등오욕죄(제159조), 분묘발굴죄(제160조) 및 사체등영득죄(제161조), 그리고 변사체검시방해죄(제163조)가 있다.

제3편

국가적 법익에 대한 죄

제1장

국가의 존립과 권위에 관한 죄

제1절   내란의 죄

1. 내란죄

　본죄는 국토를 참절하거나 국헌을 문란할 목적으로 폭동한 때에 성립한다(제87조). 국가의 존립과 안전 및 자유민주적 헌법질서를 보호법익으로 한다. 보호의 정도는 다수 견해가 구체적 위험범으로 본다. 폭동을 요건으로 하는 필요적 공범이며 공범의 의사방향이 일치하는 집합범이다. 행위주체는 참여 형식에 따라 수괴, 모의참여자·지휘자·중요임무종사자, 부화수행자·단순가담자 등 세 종류로 나뉘며, 이에 따라 처벌에 차등을 둔다.

　실행행위로서 폭동이란 다수인이 결합하여 폭행, 손괴, 파괴, 방화, 약탈, 살상 등의 유형력을 행사하는 것이다. 폭행은 사람에 대하여 가해질 것은 요하지 않지만 한 지방의 평온을 해할 정도에 이르러야 한다. 폭동에 수반한 살인, 상해, 재물강취, 손괴, 방화 등의 행위를 한 경우에는 내란죄만 성립한다(대법원 1997. 4. 17. 선고 96도3376 전원합의체 판결). 미수범을 벌하며(제89조), 폭동을 개시한 때 실행의 착수가 인정된다. 본죄가 계속범인가 논란이 있으며 판례는 상태범설을 취한다.

내란죄에는 고의 외에 국토참절 또는 국헌문란의 목적이 있어야 한다. 국토참절은 대한민국 영토의 전부나 일부에서 국가권력을 배제하는 것이다. 국헌문란이란 적법절차에 위반하여 헌법이나 법률의 기능을 소멸시키거나 강압적으로 국가기관을 전복 또는 권능행사를 불가능하게 하는 것을 의미한다(제91조). 판례는 국헌문란의 목적을 가진 자가 그 목적이 없는 자를 이용하여 내란죄를 실행할 수 있다고 한다.

2. 내란목적살인죄

본죄는 내란죄와 같은 목적에서 살인을 한 경우에 성립한다(제88조). 내란의 실행과정에서 폭동에 수반하여 발생한 살인은 내란죄로 규율하고 있으므로(제87조 제2호), 본죄는 이를 가중처벌하기 위한 특별규정이라는 견해와 요인암살에만 적용되는 독립 구성요건이라는 견해가 대두된다. 판례는 내란행위 중 폭동에 수반되지 않고 계획적으로 이루어진 살인을 처벌하는 내란죄의 특별규정이라는 견해를 따른다. 즉 폭동에 수반되지 않은 살인이 일어난 이른바 10 · 26 사건에 대하여 내란목적살인죄를 인정하여 본죄의 적용범위를 확대하고 있다.

3. 내란예비 · 음모 · 선동 · 선전죄

내란죄 또는 내란목적살인죄를 범할 목적으로 예비 · 음모하거나 내란죄나 내란목적살인죄를 선동 · 선전한 때에 성립한다(제90조). 내란을 예비 · 음모한 자가 실행에 이르기 전에 자수한 때에는 형을 감경 또는 면제한다.

제 2 절 외환의 죄

1. 보호법익과 체계

외환의 죄는 외국이나 적국과 관련된 위협으로부터 국가의 외적 존립과 안전을 보호법익으로 하는 범죄이다. 보호의 정도는 추상적 위험범으로 보는 것이 다수이다. 여기에는 외국과 모의하여 대한민국의 존립을 위협하는 전투행위를 하거나 항적하는 행위, 또는 외국에 인적 · 물적 이익을 제공하여 국가의 존립을 위태롭게 하는 행위를 처벌하는 구성요건을 두고 있다. 구체적으로는 외환유치죄(제92조), 여적죄(제93조), 모병이적죄(제94조), 시설제공이적죄(제95조), 시설파괴이적죄(제96조), 물건제공이적죄(제97조) 및 간첩죄(제98조)와 일반이적죄(제99조), 그리고 외환 예비 · 음모 · 선동 · 선전죄(제101조), 전시군수계약불이행죄(제103조)가 있다.

2. 간첩죄

가. 간첩

적국을 위하여 간첩하는 경우에 성립한다(제98조 제1항). 간첩죄를 범할 목적으로 예비 · 음모하거나 간첩죄를 선동 · 선전한 경우는 별도로 처벌한다(제101조). 특별법으로 국가보안법(제4조 제1항 제2호)과 군사기밀보호법(제11조에서 제13조, 제15조)이 있다.

행위객체로서 국가기밀은 정치, 경제, 사회, 문화 등 각 방면에 관하여 적국에 비밀로 하거나 확인되지 아니함이 대한민국의 이익이 되는 모든 사실, 물건, 지식으로서 그 내용이 누설되는 경우 국가 안전에 위험을 초래할 우려가 있어 기밀로 보호할 실질가치를 갖춘 것을 말한다(대법원 2015. 4. 9. 선고 2015도1003 판결). 국내에서 적법 절차 등을 거쳐 일반인에 널리 알려진 공지의 사실, 물건, 지식은 국가기밀에 속하지 않는다. 국가기밀은 국가기관의 의사에 구속되지 않고 객관적인 가치로 판단한다. 독일 형법(제93조)은 자유민주적 기본질서에 위반되는 사실 등으로 국가기밀의 개념을 한정하고 있다.

실행행위는 적국을 위한 간첩행위이다. 적국을 위하여 국가기밀을 탐지하고 수집·전달하는 행위를 말한다. 적국은 대한민국과 전쟁상태에 있는 국가를 말하며, 휴전상태를 포함한다. 대한민국에 적대하는 외국이나 외국인의 단체는 적국으로 간주된다(제102조). 판례는 북한이 우리 헌법상 반국가적 불법단체로서 국가로 볼 수 없으나 간첩죄의 적용에서는 국가에 준하여 취급하여야 한다고 하여, 적국에 포함시킨다. 실행의 착수시기는 국가기밀을 탐지·수집하는 행위에 착수한 때에 인정된다. 판례는 간첩을 위하여 국내에 잠입 또는 입국하였을 때에 실행의 착수가 있다고 한다. 간첩행위에 대한 고의 외에 적국을 위한다는 이적의사가 요구된다.

나. 간첩 방조

적국을 위하여 간첩을 방조하는 경우에 성립한다(제98조 제2항). 간첩에 대한 방조행위를 간첩죄 정범과 동일하게 취급함으로써 종범 감경(제32조)을 할 수 없도록 한 점에 특색이 있다. 방조는 적국의 간첩이라는 사정을 알면서 국가기밀의 탐지·수집·전달을 용이하게 도와주는 것이다. 방조의 방법은 유형적·무형적, 작위·부작위를 불문한다.

다. 군사상 기밀 누설

군사상의 기밀을 적국에 누설한 경우에 성립한다(제98조 제3항). 행위주체는 직무상 군사기밀을 지득한 자에 한정되는 진정신분범이다. 일반인이 직무에 관계없이 알게 된 기밀을 누설한 때에는 일반이적죄가 성립한다. 객체로서 군사상 기밀은 국가기밀 가운데 군사에 관련된 것이다. 실행행위는 적국에 누설하는 것이다. 적국의 국가기관이나 간첩 등에게 군사기밀을 알리는 행위를 말한다. 누설은 부작위로도 가능하다.

제 3 절   국기에 관한 죄

국기에 관한 죄는 국가의 권위를 보호법익으로 하는 추상적 위험범이다. 국기·국장모독죄(제105조)와 국기·국장비방죄(제106조)가 있다.

제 4 절   국교에 관한 죄

국교에 관한 죄는 국가의 권위 또는 우리나라의 국제법상 의무이행에 기한 외국의 이익을 보호하는 추상적 위험범이다. 외국원수에 대한 폭행등죄(제107조), 외국사절에 대한 폭행등죄(제108조), 외국의 국기·국장모독죄(제109조)와 외국에 대한 사전죄(제111조), 중립명령위반죄(제112조) 및 외교상기밀누설죄(제113조)가 있다.

제 2 장

국가의 기능에 관한 죄

제 1 절 공무원의 직무에 관한 죄

1. 보호법익과 체계

공무원의 직무에 관한 죄는 국가의 기능을 보호법익으로 한다. 직무범죄의 주체로서 공무원은 법령에 의하여 국가나 공공단체의 사무에 종사하는 사람을 가리킨다. 국가나 지방자치단체에 소속되더라도 단순한 기계적 · 육체적 사무종사자는 여기에 포함되지 않는다. 행정기관에 준하는 공법인에 소속된 직원은 공무원에 속한다고 본다. 특정범죄 가중처벌 등에 관한 법률(제4조)에서는 뇌물죄와 관련한 공무원의 범위를 확대하고 있다.

공무원의 직무에 관한 죄는 기본적으로 공무원이 행위주체가 되는 신분범이다. 공무원만 행위주체가 되고 공무원이 아닌 자는 단독으로 범할 수 없는 직무유기죄, 수뢰죄, 공무상비밀누설죄, 선거방해죄를 특히 진정직무범죄라고 한다. 비공무원도 행위주체가 되지만 공무원인 경우에 가중처벌되는 부진정직무범죄로는 불법체포 · 감금죄, 폭행 · 가혹행위죄, 간수자의 도주원조죄, 세관공무원의 아편등수입죄가 있다.

2. 직무유기죄

공무원이 정당한 이유없이 그 직무수행을 거부하거나 그 직무를 유기한 때에 성립한다(제122조). 보호법익은 국가기능이며, 보호의 정도로는 구체적 위험범설이 있으나 국가기능과 국민의 이익을 두텁게 보호한다는 측면에서는 추상적 위험범으로 볼 수 있다. 공무원 신분이 있어야 성립되는 진정신분범이다. 공무원의 개념은 앞서 살펴본 바와 같다. 직무는 법령의 근거나 업무분장, 상사의 지시나 명령 등으로 담당하는 구체적 의무를 가리킨다.

실행행위로는 구체적 의무에 대하여 적극적인 직무수행 거부나 직무유기행위가 있어야 한다. 단순한 근무태만행위나 추상적 의무 위반은 본죄의 대상이 아니다. 직무수행의 거부는 작위로도 가능하나, 직무유기는 부작위범으로 본다(대법원 2008. 2. 14. 선고 2005도4202 판결). 직무수행 거부나 직무유기에는 정당한 이유가 없어야 한다. 본죄는 기수 이후에도 공범 성립이 가능한 계속범이다. 수차에 걸친 직무유기행위는 포괄일죄로 의율한다.

3. 피의사실공표죄

본죄는 검찰, 경찰 기타 범죄수사에 관한 직무를 행하는 자 또는 이를 감독하거나 보조하는 자가 그 직무를 행하면서 지득한 피의사실을 공판청구 전에 공표한 때에 성립한다(제126조). 보호법익은 피의자의 인권과 무죄추정의 원칙이다. 추상적 위험범이며 진정신분범이자 거동범이다.

직무수행에 무관하게 우연히 알게 된 피의사실을 공표한 경우에는 명예훼손죄가 문제된다. 공소제기 이후에 피의사실을 공표한 때에도 같다. 공개수사로 피의사실이 공표된 경우에 위법성의 조각 여부, 특히 피의자 명예와 공개수사의 이익을 형량하여 긴급피난을 인정할지, 아니면 정당행위로 볼지에 관하여 논란이 있다.

4. 공무상 비밀누설죄

공무원 또는 공무원이었던 자가 법령에 의한 직무상 비밀을 누설한 때에 성립한다(제127조). 보호법익은 공무상 비밀 그 자체가 아니라 공무상 비밀누설로 침해될 위험이 있는 국가기능이다. 추상적 위험범이다. 직무상 비밀은 비밀로 보호할 가치가 있다면 법령의 규정 여부와 상관없이 본죄에 해당한다는 입장(대법원 2009. 6. 11. 선고 2009도2669 판결)과 법령상 비밀로 규정된 것에 한정된다는 견해가 대립한다. 비밀이더라도 비밀유지의 가치가 없는 공직내부의 비리나 부정에 대하여 누설한 경우에는 정당행위가 성립할 수 있다.

5. 직권남용의 죄

가. 직권남용죄

공무원이 직권을 남용하여 사람에게 의무없는 일을 하게 하거나 사람의 권리행사를 방해한 때에 성립한다(제123조). 직권남용 권리행사방해죄라 할 수 있다. 국가기능의 공정한 행사와 부수적으로 개인의 의사결정 자유를 보호법익으로 한다. 추상적 위험범이다. 직권남용은 형식적으로 공무원의 직무집행으로 보이나 실질적으로는 위법하거나 부당하게 권한을 행사하는 것이다. 의무없는 일은 법률상 의무없는 일을 가리키고 의무를 불리하게 또는 과중하게 변경하는 때를 포함한다.

나. 불법체포 · 감금죄

재판, 검찰, 경찰 기타 인신구속에 관한 직무를 행하는 자 또는 이를 보조하는 자가 그 직권을 남용하여 사람을 체포 또는 감금한 때에 성립한다(제124조). 국가기능의 공정성과 신체활동의 자유를 보호법익으로 한다. 미수범을 벌하며, 계속범으로 본다. 직권남용 체포 · 감금죄라 할 수 있다.

체포·감금죄(제276조)와의 관계에서 별도의 독립된 구성요건으로 보는 진
정신분범설이 있으나 본죄는 일정한 공무원에게 형이 가중되는 부진정신
분범으로 볼 수 있다. 행위주체 가운데 보조하는 자로는 검찰수사관이나
법원서기 등이 있다. 직권을 남용하여야 하므로 직권과 관계없이 체포·감
금한 때에는 체포·감금죄만 문제된다.

실행행위의 예로는 영장 없이 체포·감금하거나 구속기간이 만료된 이
후에도 석방하지 않는 행위를 들 수 있다. 판례는 경찰서 안에서 행동이 자
유로운 상태이더라도 경찰서 밖으로 나올 수 없는 상태이면 감금으로 본
다. 인신구속에 관한 직무를 행하는 자 또는 이를 보조하는 자가 정을 모르
는 검사와 영장전담판사를 기망하여 구속영장을 발부받고 피해자를 구금
하였다면 간접정범 형태로 본죄를 범한 것이다(대법원 2006. 5. 25. 선고 2003
도3945 판결). 인신구속을 담당하는 자가 법령에 따라 체포·구속을 한 때에
는 본죄의 구성요건해당성이 배제되고, 체포·감금죄는 정당행위로서 위법
성이 조각된다. 국가적 법익을 대상으로 하므로 피해자의 승낙으로는 본죄
의 위법성을 조각할 수 없다.

다. 폭행·가혹행위죄

재판, 검찰, 경찰 기타 인신구속에 관한 직무를 행하는 자 또는 이를
보조하는 자가 그 직무를 행하면서 형사피의자 또는 기타 사람에 대하여
폭행 또는 가혹한 행위를 가한 때에 성립한다(제125조). 신체의 안전을 보호
법익으로 하는 침해범이다. 독직 폭행·가혹행위죄라 한다. 행위 대상으로
서 기타 사람은 피고인, 참고인, 증인 등 수사·재판절차에서 직무상 대상
이 된 사람을 가리킨다. 직무를 행한다는 것은 직권남용보다 넓은 의미로
이해된다. 다만 폭행이나 가혹행위와 직무 사이에는 내적·사항적 관련성
이 있어야 한다.

폭행은 광의로 보아 사람에 대한 유형력의 행사를, 가혹행위는 폭행이
나 상해 외에 신체·정신적 고통을 주는 일체의 행위를 말한다. 고문이 대

표적이며, 잠을 재우지 않거나 음식을 제공하지 않는 것이 포함된다. 구금된 사람을 강간하거나 강제추행한 경우에는 본죄와 강간죄, 강제추행죄가 상상적 경합관계에 선다. 특정범죄 가중처벌 등에 관한 법률(제4조의2)에서는 제124조와 제125조의 죄를 범하여 사람을 치상·치사한 경우에 가중 처벌하는 규정을 두고 있다.

라. 선거방해죄

검찰, 경찰 또는 군의 직에 있는 공무원이 법령에 의한 선거에 관하여 선거인, 입후보자 또는 입후보자가 되려는 자에게 협박을 가하거나 기타 방법으로 선거의 자유를 방해한 때에 성립한다(제128조). 선거의 자유를 보호하려는 추상적 위험범이다. 직권남용죄의 특수형태로 부진정신분범으로 이해하는 입장에 대하여 그와 독립된 진정신분범으로 보는 입장이 있다.

공직선거법(제237조 제2항 및 제238조)에는 검사, 경찰공무원, 군인에 대한 특별규정을 두고 있다. 일반인의 선거방해행위도 공직선거법(제237조 제1항 및 제3항)에 따라 처벌된다.

6. 뇌물죄

가. 뇌물죄 보호법익과 개념, 체계

뇌물죄는 공무원이나 중재인이 직무행위의 대가로 이득을 취득하거나 이들에 이득을 제공하는 행위를 가리키는 말이다. 뇌물죄는 직무집행의 공정과 이에 대한 사회의 신뢰 및 직무행위의 불가매수성을 보호법익으로 한다. 추상적 위험범이다. 뇌물죄에서 뇌물은 직무와 관련된 불법한 이익을 가리킨다.

뇌물은 먼저 직무와 관련성이 있어야 한다. 직무와 무관한 이익은 뇌물이 아니다. 직무란 공무원의 지위에 수반하여 공무로서 행하는 일체의 사무를 말한다. 직무는 반드시 법령에 정한 것만 아니라 그와 관련된 직무,

관례상이나 사실상 소관하는 직무행위를 포함한다. 현실적으로 담당하지 않더라도 법령상 일반적인 직무권한에 속하는 직무와 같이 공무원이 그 직위에 따라 공무로 담당할 일체의 직무를 포함한다. 공무원이 전직하여 다른 사무를 맡더라도 과거 담당 사무를 직무로 볼 수 있다. 직무에 관한 청탁이나 부정한 행위는 따로 요구되지 않는다. 다만 뇌물은 직무행위와 대가관계에 서야 한다. 구체적·개별적인 대가관계는 아니더라도 일반적·포괄적 대가관계는 인정되어야 한다. 따라서 구체적 직무수행을 요구하지 않더라도 해당 업체에 관심을 가져달라는 정도의 묵시적 부탁으로도 대가관계는 성립될 수 있다.

　뇌물은 직무에 관한 부당한 이익이다. 뇌물죄에서 뇌물의 내용인 이익은 금전, 물품 기타의 재산적 이익뿐만 아니라 사람의 수요, 욕망을 충족시킬 수 있는 일체의 유형·무형의 이익을 포함한다. 시세보다 싼 부동산 매입, 낮은 금리의 융자뿐 아니라 투기적 사업이나 이익이 예상되는 투자에 참여할 기회를 얻는 것도 본죄의 이익이다. 판례는 공무원의 직무와 관련하여 금품을 수수하였다면 비록 사교적 의례의 형식을 빌어 금품을 주고받았더라도 그 수수한 금품은 원칙적으로 뇌물이 된다고 한다. 수수한 뇌물이나 요구 또는 약속한 뇌물은 몰수한다. 몰수가 불가능한 경우 가액을 추징한다. 형법 제48조(임의적 몰수)에 대한 특칙으로 필요적 몰수를 규정한 것이다(제134조). 공무원범죄에 관한 몰수 특례법(제2조)에서는 특정공무원 범죄에 대한 몰수 특례를 두고 있다.

　뇌물 수수죄와 약속죄 및 공여죄는 필요적 공범이다. 수뢰자와 증뢰자 사이에 총칙상 공범규정이 적용되지 않는다. 다만 수뢰자와 증뢰자 이외의 자에게는 제33조를 포함하여 공범규정이 적용된다. 뇌물요구죄와 공여의사 표시죄는 독립된 구성요건으로 본다. 특정범죄 가중처벌 등에 관한 법률(제4조)에서는 정부관리기업체의 간부직원을 공무원으로 의제하는 규정을 두어 뇌물죄의 적용범위를 확대하고 있다.

나. 단순수뢰죄

공무원 또는 중재인이 그 직무에 관하여 뇌물을 수수, 요구 또는 약속한 때에 성립한다(제129조 제1항). 행위주체로서 공무원은 법령에 의하여 국가, 지방자치단체, 공공단체의 사무에 종사하는 자이다. 직무의 내용이 단순 기계적·육체적인 것에 한정된 자는 제외한다. 판례는 시·구 도시계획위원회 위원이나 재건축조합장을 공무원으로 본다. 중재인은 중재법과 노동쟁의조정법 등 법령에 의해 중재 직무를 수행하는 자이다. 직무관련성은 앞서 설명한 바와 같다.

뇌물의 수수는 영득의 의사로 뇌물의 점유를 취득하는 행위이다. 반환의사로 일단 받아둔 경우에는 영득의 의사를 인정할 수 없어 수수에 해당하지 않는다. 수수 후 용처는 불문한다. 뇌물의 요구는 뇌물을 취득할 의사로 상대방에 그 교부를 청구하는 것이다. 상대방의 교부는 요건이 아니다. 뇌물의 약속이란 상대방과의 사이에 뇌물 수수의 합의가 있는 것을 말한다. 약속 시점에는 뇌물의 목적물이 현존할 필요도 가액이 확정될 필요도 없다. 뇌물의 수수, 요구, 약속이 모두 있는 경우에는 포괄일죄가 된다.

행위자에게는 직무행위와 대가관계에 있는 뇌물을 수수한다는 점에 대한 고의가 있어야 한다. 공무원이 직무와 관련하여 기망행위로 재물 교부를 받은 경우에는 사기죄와 본죄가 상상적 경합이 된다.

다. 사전수뢰죄

공무원 또는 중재인이 될 자가 그 담당할 직무에 관하여 청탁을 받고 뇌물을 수수, 요구 또는 약속한 후 공무원 또는 중재인이 된 때에 성립한다(제129조 제2항). 행위주체는 공무원 또는 중재인이 될 것으로 확정된 자이다. 직무 관련성과 뇌물의 수수, 요구, 약속의 개념은 단순수뢰죄에서와 같다. 직무에 관한 청탁은 부정한 청탁임을 요하지 않으며, 묵시적으로도 가능하다. 공무원이 될 자가 청탁을 받고 뇌물을 요구했더라도 뇌물의 수수가 공무원이 된 후에 이루어지면 단순수뢰죄가 성립한다. 공무원 또는 중재인이 된 때는 본죄의 객관적 처벌조건으로 기능한다.

라. 제3자 뇌물제공죄

공무원 또는 중재인이 그 직무에 관하여 부정한 청탁을 받고 제3자에게 뇌물을 공여하게 하거나 공여를 요구 또는 약속한 때에 성립한다(제130조). 단순수뢰죄에 비교하면 '부정한' 청탁이 가중되며 '제3자에 공여'가 차별된다. 형량은 같다. 부정한 청탁이란 정당한 직무내용에 반하는 위법하거나 부당한 직무집행을 내용으로 하는 청탁을 가리킨다. 판례는 직무집행에 관한 대가의 교부를 내용으로 하는 청탁이라면 직무집행 자체가 위법·부당하지 않더라도 부정한 청탁이라고 한다. 제3자란 단순수뢰죄가 성립되는 범위를 제외한 공무원과 이해관계가 없는 사람을 말한다. 공무원 또는 중재인의 사자, 대리인 등과 같이 사회통념상 그 다른 사람이 뇌물을 받은 것을 공무원이 직접 받은 것으로 평가할 수 있는 관계가 있는 경우에는 단순수뢰죄가 성립하기 때문이다.

마. 수뢰후부정처사죄

공무원 또는 중재인이 제129조나 제130조의 죄를 범하여 부정한 행위를 한 때에 성립한다(제131조 제1항). 뇌물죄와 부정행위가 결합되어 불법이 가중된 결합범이다. 단순수뢰죄, 사전수뢰죄, 제3자뇌물제공죄를 범하고 부정한 행위를 범해야 한다. 뇌물죄와 부정한 행위 사이에 인과관계가 있어야 한다. 부정한 행위는 직무에 위배되는 일체를 행위를 가리킨다. 직무행위와 객관적으로 관련된 행위를 포함한다.

바. 사후수뢰죄

공무원 또는 중재인이 그 직무상 부정한 행위를 한 후 뇌물을 수수, 요구 또는 약속하거나 제3자에게 이를 공여하게 하거나 공여를 요구 또는 약

속한 때에 성립한다(제131조 제2항). 부정처사후 수뢰죄이다. 또, 공무원 또
는 중재인이었던 자가 그 재직중에 청탁을 받고 직무상 부정한 행위를 한
후 뇌물을 수수, 요구 또는 약속한 때에도 성립한다(제131조 제3항). 사후수
뢰죄이다. 수뢰후부정처사죄에 비교하여 부정행위와 수뢰행위의 순서가 바
뀐 구성요건이다. 이들은 모두 자격정지가 병과될 수 있고(제131조 제4항),
특정범죄 가중처벌 등에 관한 법률(제2조)에서는 이들 범죄에 수뢰액에 따
라 가중 처벌하는 규정을 두고 있다.

사. 알선수뢰죄

공무원이 그 지위를 이용하여 다른 공무원의 직무에 속한 사항의 알선
에 관하여 뇌물을 수수, 요구 또는 약속한 때에 성립한다(제132조). 지위를
이용한다는 것은 다른 공무원의 직무에 관하여 직·간접의 연관관계를 가
지고 법률상·사실상 영향력을 줄 수 있는 지위에 있는 공무원이 그 지위
를 이용하는 것을 말한다. 친구나 가족관계 등 사적인 관계는 여기에 포함
되지 않는다. 알선은 다른 공무원의 직무에 속하는 사항에 관하여 중개하
거나 편의를 도모하는 것을 말한다. 판례에 따르면, 알선뇌물요구죄는 알선
할 사항이 다른 공무원의 직무에 속하는 사항으로서 뇌물요구의 명목이 그
사항의 알선에 관련된 것임이 어느 정도 구체적으로 나타나야 한다.

아. 증뢰죄

제129조에서 제132조에 기재한 뇌물을 약속, 공여 또는 공여의 의사를
표시한 자에게 성립한다(제133조 제1항). 뇌물공여죄라고도 한다. 행위주체
는 비신분범이므로 공무원과 비공무원을 불문한다. 약속은 뇌물을 주고받
기로 합의하는 것이고, 공여는 상대방이 뇌물을 수수하도록 하는 것으로
상대방이 현실적으로 취득할 수 있는 상태에 있어야 한다. 공여의 의사표
시는 상대공무원 등에게 뇌물제공에 대해 의사를 표시하는 것이다.

자. 제3자 증뢰물교부죄

증뢰에 공할 목적으로 제3자에게 금품을 교부하거나 그 정을 알면서 교부를 받은 자에게 성립한다(제133조 제2항). 증뢰죄의 예비행위를 독립된 구성요건으로 둔 것이다. 비신분범이며, 증뢰물전달죄라고도 한다. 제3자가 전달할 뇌물을 공무원 등에 실제 전달하였는지는 불문한다. 교부죄에서는 고의 외에 증뢰의 목적이 필요하다. 교부받는 죄는 금품을 교부받는 점 외에 증뢰에 공할 금품이라는 점에 대한 인식이 있어야 한다.

제 2 절   공무방해에 관한 죄

1. 보호법익과 체계

공무방해에 관한 죄는 국가의 기능 가운데 공무작용을 보호법익으로 하는 추상적 위험범이다. 공무를 일반적으로 보호하는 구성요건으로는 공무집행방해죄(제136조 제1항) 및 직무·사직강요죄(제136조 제2항)와 위계에 의한 공무집행방해죄(제137조), 법정·국회회의장모욕죄(제138조), 인권옹호직무방해죄(제139조)가 있다. 공무상봉인등표시무효죄(제140조 제1항) 및 공무상비밀침해죄(제140조 제2항), 부동산강제집행효용침해죄(제140조의2)와 공용서류등무효죄(제141조 제1항), 공용물파괴죄(제141조 제2항), 그리고 공무상보관물무효죄(제142조)는 공무작용이나 공용물건 등을 대상으로 하는 구성요건이다. 특수공무방해죄·특수공무방해치사상죄(제144조)는 가중적 구성요건이다.

2. 공무집행방해죄

가. 공무집행방해죄

직무를 집행하는 공무원에 대하여 폭행 또는 협박한 때에 성립한다(제136조 제1항). 본죄의 객체로서 공무원은 법령에 의해 국가 또는 공공단체의 공무에 종사하는 자이다. 공무원의 직무에 관한 죄와 달리 단순 육체적·기계적 사무에 종사하는 공무원도 포함한다. 직무는 법령에 의한 공무원의 지위와 권한에 따라 처리하는 사무이다. 반드시 강제적 성질을 가진 사무에 국한되지 않는다. 직무집행은 시간적으로 직무집행 중은 물론 직무집행과 불가분하게 연결된 바로 직전의 준비행위나 직후 행위를 포함한다.

직무집행은 적법하게 직무를 집행한다는 의미를 전제한다. 직무집행이 적법하기 위하여는 직무가 당해 공무원의 추상적 직무권한에 속하면서, 당해 직무를 행할 공무원의 구체적 권한 내에 있어야 하며, 직무행위가 법률상 중요한 절차와 방식에 따라 수행되어야 한다는 등의 요건을 충족하여야 한다. 직무집행의 적법성을 판단하는 기준으로는 법원이 법령을 해석하여 객관적으로 판단한다는 객관설이 다수설이다. 판례는 사후적으로 순수한 객관적 기준에서 판단하는 것이 아니라, 행위 당시의 구체적 상황에 기하여 객관적으로 판단하여야 한다고 본다(대법원 2002. 4. 12. 선고 2000도3485 판결 등).

직무집행의 적법성에 대하여 착오한 경우, 즉 적법한 직무집행을 하는 공무원을 위법한 공무집행이라고 잘못 생각하고 폭행·협박한 경우에 대하여는 직무집행 적법성의 체계적 지위에 대한 입장차에 따라 견해가 나뉘고 있다. 직무집행의 적법성을 구성요건요소로 보는 다수 입장에서는 이에 관한 착오는 고의를 조각하는 구성요건 착오로 본다. 판례는 위법성의 요소로 보아 위법성이 조각될 수 있다고 한다. 금지착오 또는 위법성조각사유 전제사실의 착오로 구성하는 것이다. 직무집행의 적법성을 처벌조건으로 보는 견해는 이 착오로 본죄의 성립에는 영향이 없고 단지 처벌여부만 달라질 수 있다고 한다.

실행행위는 공무원에 대한 폭행·협박이다. 폭행은 공무원의 신체를 직접 대상으로 한 것일 필요는 없고 공무원에 대한 불법적인 직·간접의 유형력의 행사로도 가능하다. 협박은 사람을 공포케 할 해악을 고지하는 것이다. 동작이나 언어적인 방법은 물론이고 묵시적인 방법으로도 할 수 있다. 자해나 자학행위는 협박에 해당하지 않는다. 폭행이나 협박은 공무집행을 방해할 정도의 유형력의 행사나 해악의 고지여야 한다. 현저성의 원칙을 적용하여 소극적인 불복종 등은 여기에 해당하지 않는다고 본다.

본죄는 준강도죄와는 상상적 경합관계에 서지만, 판례는 강도죄와는 실체적 경합관계로 파악한다(대법원 1992. 7. 28. 선고 92도917 판결). 본죄에 대하여 업무방해죄는 따로 성립하지 않는다고 한다.

나. 직무·사직강요죄

공무원에 대하여 그 직무상의 행위를 강요 또는 저지하거나 그 직을 사퇴하게 할 목적으로 폭행 또는 협박한 때에 성립한다(제136조 제2항). 보호법익은 공무원의 직무집행과 함께 공무원 지위의 안전이다. 고의 외에 목적을 필요로 한다. 행위주체는 따로 제한이 없다. 강요 또는 저지하는 직무행위의 범위로는 공무원의 추상적 권한에 속하면 족하고 구체적 권한에 속할 필요는 없다는 견해가 다수설이다. 직무행위가 적법해야 하는가에 대하여도 견해 대립이 있다. 그 직을 사퇴하게 하는 것은 직무행위와 관련하여 사퇴하게 하는 것 외에 직무행위와 관계없이 사퇴하게 하는 것을 포함하는지에는 논란이 있다. 행위는 폭행 또는 협박이다.

다. 위계에 의한 공무집행방해죄

위계로써 공무원의 직무집행을 방해한 때에 성립한다(제137조). 위계란 행위자의 행위목적을 이루기 위하여 상대방에 오인·착각·부지를 일으키게 하여 이를 이용하는 것을 말한다. 판례는 타인의 소변을 자신의 것처럼 수사기관에 제출하여 필로폰 음성반응이 나오게 한 경우 수사기관의 착오를 이용하여 적극적으로 피의사실에 관한 증거를 조작한 것으로 본죄가 성립한다고 판시한다(대법원 2007. 10. 11. 선고 2007도6101 판결). 출원자나 신청인의 위계행위가 원인이 되어 행정관청이 그릇된 행위나 처분에 이르게 된 때에도 본죄가 성립한다. 허위의 신청사유와 소명자료로 행정청의 인ㆍ허가처분을 받아낸 경우에 행정청이 법령에 따라 인ㆍ허가요건에 해당 여부를 충분히 심사하였으나 신청사유와 소명자료가 거짓임을 발견하지 못한 경우에는 본죄가 성립한다고 판시한다(대법원 2002. 9. 4. 선고 2002도2064 판결).

본죄의 성립에는 현실적인 공무집행방해의 결과가 발생하여야 한다(대법원 2003. 2. 11. 선고 2002도4293 판결). 즉 범죄행위가 구체적인 공무집행을 저지하거나 현실적으로 곤란하게 하는 데까지는 이르지 못하고 미수에 그친 때에는 본죄는 성립하지 않는다. 본죄는 자신의 위계행위로 공무집행을 방해하려는 의사가 있어야 한다.

제 3 절 도주와 범인은닉의 죄

도주의 죄는 국가의 구금기능을 보호한다. 보호의 정도는 침해범이다. 범인은닉죄는 국가의 형사사법기능을 침해하는 행위를 처벌하기 위한 죄이다. 추상적 위험범으로 본다. 도주의 죄에는 단순도주죄(제145조 제1항), 집합명령위반죄(제145조 제2항), 특수도주죄(제146조), 도주원조죄(제147조), 간수자도주원조죄(제148조)가 있다. 범인은닉죄로는 제151조에서 범인은닉과 친족간의 특례를 규정한다.

제4절 위증과 증거인멸의 죄

1. 보호법익

위증죄와 증거인멸죄는 재판권, 징계권과 같은 국가의 사법기능을 보호법익으로 한다. 추상적 위험범이다.

2. 위증죄

가. 구성요건

법률에 의하여 선서한 증인이 허위의 진술을 한 때에 성립한다(제152조제1항). 행위주체는 법률에 의하여 선서한 증인이며 진정신분범이다. 법률에 의하여 선서한 증인은 법률에 근거하여 법률이 정한 절차에 따라 유효한 선서를 한 증인이라는 의미이고, 그 증인신문은 법률이 절한 절차 조항을 준수하여 적법하게 이루어진 경우여야 한다(대법원 2010. 1. 21. 선고 2008도942 전원합의체 판결). 증인의 선서에 관한 규정으로는 형사소송법(제156조), 민사소송법(제319조 이하), 비송사건절차법(제10조), 법관징계법(제22조), 검사징계법(제26조), 특허법(제227조) 등이 있다.

증인은 재판 또는 심판 등에서 자신이 경험한 사실을 진술하는 사람이다. 자기가 직접 경험한 사실을 증언하므로, 본죄는 간접정범이나 공동정범으로 범할 수 없는 자수범이다. 증인능력이 없는 사람은 선서를 하고 증언을 했더라도 본죄의 주체가 되지 못한다. 증언거부권자(형사소송법 제148조, 제149조 등)는 증언거부권을 포기하고 선서한 경우 본죄의 주체가 될 수 있다. 판례도 증언거부권이라는 위증죄의 탈출구를 마련해 두었음에도 선서한 증인이 증언거부권을 포기하고 허위 진술을 하였다면 적법행위의 기대가능성이 없다고 할 수 없다고 한다(대법원 1987. 7. 7. 선고 86도1724 전원합의체 판결). 다만 증언거부사유가 있음에도 증인이 증언거부권을 고지받지 못함으로 인하여 그 증언거부권을 행사하지 못한 경우에는 위증죄 성립이 부인된다(대법원 2010. 2. 25. 선고 2009도13257 판결).

공범자 또는 공동피고인이 위증의 주체가 될 수 있는지에 대하여는 공동피고인 상호간에는 제3자의 지위를 가지므로 증인으로 선서하면 위증죄 주체가 될 수 있다는 입장이 있다. 그러나 공범자가 아닌 공동피고인은 증인적격을 인정하더라도 공범관계에서는 증인적격이 없으므로 위증죄의 주체도 될 수 없다고 보아야 한다. 다만 공범인 공동피고인이 소송절차가 분리되어 피고인 지위에서 벗어나게 되면 다른 공동피고인에 대한 공소사실에 관하여 증인이 될 수 있다.

실행행위는 허위의 진술을 하는 것이다. 허위진술로 구성요건이 실현되는 거동범이다. 허위의 의미는 객관적 진실에 반하는 것이라는 객관설에 대하여, 증인의 기억에 반하는 것이라고 보는 주관설이 대립한다. 판례는 자기의 기억에 반하는 사실을 진술하였다면 설사 그 증언이 사실에 부합하더라도 본죄에 해당한다고 본다(대법원 1984. 2. 28. 선고 84도114 판결). 그에 따라 전문한 사실을 마치 목격한 사실처럼 진술한 경우 경험의 경위에 관하여 기억에 반하는 진술이므로 허위성을 인정한다. 허위진술에 대한 판단은 증언의 단편적인 구절에 구애될 것이 아니라 당해 신문절차에서 증언 전체를 일체로 파악하여 판단해야 한다. 사소한 부분에 관하여 기억과 불일치하더라도 증언의 전체적 취지가 객관적 사실과 일치되고 그것이 기억에 반하는 공술이 아니라면 위증이 아니다(대법원 2007. 10. 26. 선고 2007도5076 판결).

진술은 사실에 대한 언급이다. 사실에 대한 언급이 아닌 주관적 의견이나 가치판단, 법률적 평가 등은 진술에 해당하지 않는다. 사실은 고의·목적·동기와 같은 내적 사실을 포함한다. 진술의 방법과 내용에는 따로 제한이 없다.

나. 미수와 공범, 죄수

본죄의 기수시점은 허위의 증언을 마쳤을 때이다. 증인의 증언은 그 전부를 일체로 관찰 · 판단하는 것이므로 선서한 증인이 일단 기억에 반하는 허위의 진술을 하였더라도 그 신문이 끝나기 전에 그 진술을 철회 · 시정한 경우에는 위증이 되지 않는다(대법원 2008. 4. 24. 선고 2008도1053 판결). 미수범은 벌하지 않는다.

위증죄는 자수범이므로 공동정범과 간접정범의 성립은 어렵다. 위증교사나 위증방조는 가능하다. 판례는 피고인이 자신의 사건에서 타인을 교사 · 방조하여 위증하게 한 경우 정범으로 벌할 수는 없으나 본죄의 교사 · 방조범은 성립할 수 있다고 본다. 이에 대하여 피고인에게는 증인적격이 인정되지 않아 위증죄 구성요건에 해당하지 않는다는 반대가 있다.

본죄를 범한 자가 그 공술한 사건의 재판 또는 징계처분이 확정되기 전에 자백 또는 자수한 때에는 그 형을 감경 또는 면제한다(제153조). 자수나 자백은 법원 또는 수사기관이 위증이라는 것을 이미 알고 있어도 가능하다.

판례는 하나의 사건에 관하여 한 번 선서한 증인이 같은 기일에 여러 가지 사실에 관하여 기억에 반하는 허위진술을 한 경우에는 포괄하여 하나의 위증죄를 구성한다고 본다(대법원 1998. 4. 14. 선고 97도3340 판결). 같은 심급에서 변론기일을 달리하여 수차 증언하면서 수개의 허위진술을 하더라도 최초 선서의 효력을 유지시킨 후 증언한 이상 마찬가지라 할 것이다.

3. 모해위증죄

형사사건 또는 징계사건에 관하여 피고인, 피의자 또는 징계혐의자를 모해할 목적으로 위증죄를 범한 때에 성립한다(제152조 제2항). 목적은 행위요소로서 행위불법이 가중된 구성요건이다. 판례는 목적을 신분요소로 보아 신분관계로 책임이 가중되는 부진정신분범으로 파악한다. 형사사건 또는 징계사건에서 위증을 해야 하므로, 행정, 민사, 가사, 비송사건 등은 단순위증죄만 문제된다. 모해할 목적이란 피고인, 피의자, 징계혐의자에게 불이익을 줄 일체의 목적을 가리킨다. 목적의 달성여부는 불문한다.

판례는 모해목적이 있는 자가 목적이 없는 자를 교사하여 본죄를 범하게 한 경우에 피교사자는 단순위증죄, 교사자는 모해위증교사죄로 의율한다(대법원 1994. 12. 23. 선고 93도1002 판결). 그러나 목적은 고의와 같은 주관적 구성요건요소로서 신분요소로 볼 수 없으므로 공범 종속성에 따라 단순위증죄와 그 교사죄로 처리해야 한다. 자백·자술에 형을 필요적 감면하는 특례가 적용된다(제153조).

4. 허위감정·통역·번역죄

법률에 의하여 선서한 감정인, 통역인 또는 번역인이 허위의 감정, 통역 또는 번역을 한 때에는 위증죄와 모해목적위증죄의 예에 의한다(제154조). 진정신분범이다. 감정인과 통역자 또는 번역자의 개념은 형사소송법 규정(제169조 이하, 제180조 이하)에 따른다.

5. 증거인멸죄

타인의 형사사건 또는 징계사건에 관한 증거를 인멸, 은닉, 위조 또는 변조하거나 위조 또는 변조한 증거를 사용한 때에 성립한다(제155조 제1항). 타인의 형사사건이나 징계사건이 아닌 자기의 형사사건이나 징계사건에 관한 증거는 그 대상이 아니다. 따라서 공범자의 형사사건 또는 징계사건에 관한 증거를 인멸하는 등의 행위를 한 경우에는, 공범자만의 이익을 위한 때에는 본죄가 성립하지만 자기의 이익도 함께 하기 위한 때에는 본죄가 성립되지 않는다(대법원 2013. 11. 28. 선고 2011도5329 판결). 타인을 교사하여 자기의 형사사건 또는 징계사건에 관한 증거를 인멸하는 등의 행위를 할 경우에 판례는 본죄의 교사범이 성립된다고 하나 다수설은 부정한다. 민사사건이나 행정사건, 조세사건, 가사사건 등에 관한 증거는 본죄와 무관하다.

증거의 인멸이란 증거 자체를 없애는 행위 외에도 증거의 가치를 멸실·감소시키는 일체의 행위를 말한다. 은닉이란 증거의 발견을 불가능하거나 곤란하게 하는 행위이다. 위조는 새로운 증거를 창출하는 행위이다. 허위진술과는 구분된다. 변조란 존재하는 증거를 변경하여 증거가치나 효력을 변경시키는 것을 말한다. 문서위조죄와 달리 작성권한이 없을 것을 요하지 않는다.

친족 또는 동거의 가족이 본인을 위하여 본조의 죄를 범한 때에는 벌하지 않는다(제155조 제4항). 적법행위의 기대가능성이 없음으로 인해 책임을 조각하는 친족간 특례를 둔 것이다. 친족과 가족의 범위는 민법에 따른다. 사실혼관계와 같이 사실상의 친족 등을 포함하는지에 대해 판례는 부정하지만 특례의 취지를 고려한다면 긍정할 수 있다. 본인의 불이익을 위하거나 공범자의 이익을 위한 경우에는 적용되지 않는다. 본인의 이익과 공범자의 이익을 동시에 위한 것인 때, 그리고 자신이 친족인지 모르고 본죄를 범한 때에 특례의 적용여부에 대하여는 논란이 있다. 친족이 아닌 자는 친족과 공동으로 본죄를 범하더라도 책임개별화 원칙에 따라 특례를 적용받지 못한다.

6. 증인은닉·도피죄

타인의 형사사건 또는 징계사건에 관한 증인을 은닉 또는 도피하게 한때에 성립한다(제155조 제2항). 법률에 의해 선서한 증인뿐 아니라 선서하지 않은 증인과 수사절차에서 참고인도 포함한다고 해석된다. 자기의 이익을 위하여 증인이 될 사람을 도피하게 하였다면, 그 행위가 동시에 다른 공범자의 형사사건이나 징계사건에 관한 증인을 도피하게 한 결과가 된다 하더라도 증인도피죄로 벌하지 않는다. 마찬가지로 친족간 범행의 특례가 적용된다.

7. 모해목적 증거인멸죄, 증인은닉·도피죄

피고인, 피의자 또는 징계혐의자를 모해할 목적으로 증거인멸죄 또는 증인은닉·도피죄를 범한 때에 성립한다(제155조 제3항). 모해목적으로 인해 형이 가중되는 구성요건이다. 모해 목적의 달성여부는 불문한다. 친족간의 특례가 적용된다(제155조 제4항).

제 5 절 무고의 죄

1. 보호법익

무고죄는 국가의 형사사법권 또는 징계권의 적정한 행사를 보호법익으로 한다. 부수적으로 개인이 부당하게 처벌 또는 징계받지 아니할 이익을 보호한다. 보호의 정도는 추상적 위험범이다. 자백 또는 자수한 때에는 형을 필요적으로 감면하는 특례가 준용된다(제157조). 특정범죄 가중처벌 등에 관한 법률(제14조) 및 국가보안법(제12조)에 특별 규정이 있다.

2. 무고죄

타인으로 하여금 형사처분 또는 징계처분을 받게 할 목적으로 공무소 또는 공무원에 대하여 허위의 신고를 한 때에 성립한다(제156조). 행위주체에는 특별한 제한이 없다. 신고의 방법은 문서든 구두든, 타인명의든 익명이든 어떤 식으로 해도 상관없다. 다만 부작위에 의한 신고는 인정되기 어렵다. 판례는 타인 명의의 고소장을 대리하여 작성하고 제출하는 형식으로 고소가 이루어진 경우에 명의자를 대리한 자가 실제 고소 의사로 고소행위를 주도한 경우라면 그 대리한 자를 신고자로 본다. 공무소 또는 공무원이란 형사처분의 경우 수사기관이나 수사기관의 공무원, 징계처분에서는 징계 기관이나 그 기관의 구성원을 말한다. 수사권이나 징계권이 있는 공무소나 공무원에 신고가 도달한 때에 기수가 된다.

허위의 사실은 위증죄와 달리 객관적 진실에 반하는 사실을 의미한다. 판례는 진실한 사실을 허위의 사실로 오인하거나 반대로 허위의 사실을 진실한 사실로 오인하고 신고한 때에는 본죄가 성립하지 않는다고 한다. 신고한 사실의 허위여부는 핵심적 내용이나 중요내용이 허위인가를 기준으로 판단한다. 신고한 내용이 범죄행위를 구성하지 않을 경우에는 본죄는 성립하지 않는다(대법원 2008. 1. 24. 선고 2007도9057 판결). 공소권이 소멸되었음이 분명한 경우에는 무고죄가 성립되지 않지만, 공소시효가 완성된 사안에 공소시효가 완성되지 않은 것처럼 고소한 경우에는 본죄에 해당한다.

신고한 허위사실이 막연히 추상적인 내용인 경우에는 본죄는 성립하지 않고 그 내용이 형사처분이나 징계처분이 가능할 만큼 구체성을 지녀야 한다. 고소내용이 터무니없는 허위사실이 아니고 사실에 기초하여 그 정황을 다소 과장한 데 지나지 아니한 경우에는 본죄가 성립하지 않는다.

본죄는 타인이 형사처분 등을 받게 할 목적이 있어야 하는 목적범이다. 사실의 진위를 가리기 위해 허위신고를 하는 경우에는 이 목적을 충족하지 못한다. 목적이 형사처분 또는 징계처분을 의욕하는 확정적 목적이어야 한다는 다수설에 대하여 판례는 미필적 인식으로도 족하다고 한다.

타인에는 법인도 포함된다고 보나, 타인이 형사처분이나 징계처분을 받을 자격이 있어야 하는지에 대하여는 논란이 있다. 자기무고는 해당되지 않는다. 무고죄는 국가적 법익을 보호하므로 피무고자의 승낙은 위법성을 조각하지 못한다. 판례는 피무고자의 교사·방조 아래 제3자가 피무고자에 대한 허위의 사실을 신고한 경우 제3자는 무고죄가 성립하고, 제3자를 교사·방조한 피무고자에 대하여는 무고교사, 무고방조범으로 처벌한다(대법원 2008. 10. 23. 선고 2008도4852 판결).

형사처분은 형벌뿐 아니라 형사제재가 과해질 수 있는 모든 처분을 말한다. 치료감호법상 치료감호처분, 소년법상 보호처분, 가정폭력특별법, 청소년 보호법이나 성매매처벌법상 보호처분 등을 포함한다. 징계처분은 공법상의 징계처분에 국한된다.

　하나의 행위로 동일인에 수개의 허위사실을 신고한 경우 단일의 무고죄가 성립하는 반면에, 단일의 신고로 수인을 무고한 때에는 수죄의 상상적 경합이 된다.

판례색인

사 항 색 인

216

저자소개

이용식(李用植)

서울대학교 법과대학 졸업(법학사)
서울대학교 대학원 법학과 석사과정 졸업(법학석사)
서울대학교 대학원 법학과 박사과정 수료
독일 프라이부르그대학 법학박사(Dr. jur)
서울대학교 법과대학/법학대학원 교수

형법각론

초판발행	2019년 2월 25일
지은이	이용식
펴낸이	안종만
편 집	이승현
기획/마케팅	조성호
표지디자인	김연서
제 작	우인도·고철민
펴낸곳	㈜ **박영사**
	서울특별시 종로구 새문안로3길 36, 1601
	등록 1959. 3. 11. 제300-1959-1호(倫)
전 화	02)733-6771
f a x	02)736-4818
e-mail	pys@pybook.co.kr
homepage	www.pybook.co.kr
ISBN	979-11-303-3332-8 93360

copyright©이용식, 2019, Printed in Korea

정 가   18,000원